Maxim Zaharov
Strahlende Finsternis

FSC
www.fsc.org
MIX
Papier aus verantwortungsvollen Quellen
Paper from responsible sources
FSC® C105338

Autor: Maxim Zaharov
Gestaltung: Maxim Zaharov
Foto: Raisa Kanareva
Herstellung und Verlag: Books on Demand GmbH

ISBN: 9783839180945

Inhalt

Teil I:
Einführung

„Da sprach Salomo:
Die Sonne hat der Herr an den Himmel gestellt;
er hat aber gesagt, er wolle im Dunkel wohnen.“

Das erste Buch der Könige, 8, 12

Märchenstunde

Eines Tages suchte Herr Nikolai Mäuserich, ein angehender Schriftsteller, in seinem Gebet Gott auf. „Ich habe eine große Bitte an dich“, sprach er zu Gott, „ich möchte ergreifende Geschichten schreiben voller Spannung und Weisheit und ein großer Schriftsteller werden. Kannst du mir meinen Wunsch erfüllen?“

Von der göttlichen Güte überzeugt, bedankte sich Herr Mäuserich bei seinem Herrn, ließ sich vor einem weißen Blatt Papier nieder, griff nach einem Stift und wartete auf die Eingebung. Doch seltsamerweise geschah nichts Besonderes. Trotz seiner Bitte, hatte Herr Mäuserich keine bemerkenswerten Einfälle.

Stattdessen brach über sein Leben eine unerklärliche Welle von furchtbaren Ereignissen herein: Zuerst wurde er ungewöhnlich lange krank. Seine Gesichtshaut überzog sich mit unansehnlichen und abstoßenden Furunkeln. Zur gleichen Zeit betrog ihn seine Frau mit seinem besten Freund und verlies ihn schließlich. Von seinen Arbeitskollegen wurde er schikaniert und geächtet. Hunde und Katzen knurrten ihn an. Er stotterte, fürchtete sich vor verschlossenen Räumen und konnte nie seine rechte Socke finden. Bei einem Autounfall brach er sich beide Beine, landete im Krankhaus und teilte sein Zimmer mit einem laut schnarchenden und umherpupsenden Patienten. Herr Mäuserich verstand die Welt nicht mehr.

Eines Tages betrat er völlig aufgelöst eine Kirche. Dort sah er den Beichtstuhl und lief hinein. Als der Priester nach seinen Wünschen fragte, begann Herr Mäuserich von seinem schrecklichen Leben und von der Ungerechtigkeit

Gottes zu berichten: „Was halten Sie davon, Herr Priester?“, fragte er weinerlich den Geistlichen, „Warum lässt Gott so etwas geschehen? Und wie soll ich mit diesen Tragödien fertig werden?“

Der Priester, der zutiefst fasziniert seiner Erzählung zuhörte, schwieg einen Moment, dann sagte er: „Schreiben Sie darüber!“

Drei Fragen, die alles verändern

Die verblüffende Botschaft dieses Buches verdanke ich meiner Frau: Als ich sie einst während eines nächtlichen Gesprächs nach ihrem Glauben fragte, sagte sie, sie glaube nicht an Gott, sondern an etwas *anderes.* „Und an was?", entgegnete ich doch recht verwundert. Daraufhin deutete sie auf die schwungvolle Tribal-Tätowierung der Heiligen Maria auf ihrem Nacken mit der folgenden Erklärung: „Ich glaube an die Mutter und das Kind". Ich wusste nicht weshalb, aber ich war berührt und irgendwie beeindruckt. Natürlich war mir nicht bewusst, dass ich drei Jahre später auf etwas stoßen würde, das den Glauben meiner Frau nicht nur bestätigen, sondern meiner spirituellen Erforschung und Entwicklung eine völlig neue Richtung geben sollte:

Alles, was ist, darf sein, weil es bereits da ist. Es gibt keine Dualität, nur Formen, die die Quelle oder wie auch immer man die Urkraft nennen mag (ich nenne sie Gott), ins Leben ruft, um sich einen Ausdruck zu verschaffen. Gott ist Dunkelheit. Seine Schöpfung ist Licht.

Ich vermute, dass die letzten beiden Ausführungen sich ein wenig sonderbar anhören. Darum würde es mich nicht wundern, wenn du den Wunsch verspürst, das Buch wegzulegen, aus der Vermutung heraus, irgendwelche satanische Botschaften oder eine verrückte Weltuntergangsformel in den Händen zu halten. Aus diesem Grunde gebe ich dir jetzt eine Gelegenheit, einen kleinen Selbsttest bezüglich dieses Themas durchzuführen.

Ich stelle dir drei Fragen. Du kennst sicherlich den Beginn der Bibel: Und Gott sprach „Es werde Licht“.

1. Was war davor?
2. Warum ist das gesamte Universum fast vollständig dunkel?
3. Kann Gott Licht sein, wenn Gott das Licht erschuf?

Gagarin im Kleinwagen

Als am 12. April 1961 der sowjetische Kosmonaut Juri Gagarin als erster Mensch den Weltraum betrat und aus seinem Raumschiff Wostok 1 die Erde erblickte, war er sicherlich über den unheimlichen Hintergrund, der unseren blauen Planeten umgibt, mächtig erstaunt. Ähnlich muss es den ersten Kosmonauten der Apollo 11 Mission ergangen sein, die auf dem Mond landeten. Was mögen sie wohl gedacht haben, als sie die kleine leuchtende Erde auf dem großen Teppich des dunklen Weltraums beäugten?

Es ist wohl wahr, dass einige von uns davon ausgehen, in einer Welt aus Licht zu leben. Doch aus dem Weltraum betrachtet, verändert sich diese Sicht auf eine phänomenale Weise und etwas anderes rückt in den Vordergrund, etwas, was wir nicht so gerne betrachten: Die Finsternis. Wir alle sind mit dieser Schwärze verbunden. Und wohl jeder kennt die tiefen verwirrenden Empfindungen, die sie in uns weckt. Doch ist Angst und Unbehagen das Einzige, womit uns die Finsternis beschert?

Warum lieben wir uns am liebsten nachts und verspüren diese geradezu verbotene Lust und Wildheit, wenn die Sonne untergeht? Warum führen wir diese kuscheligen und intimen Gespräche, wenn draußen das Laternenlicht angeht und die Grillen ihre Konzerte veranstalten? Und warum vertrauen wir der Finsternis unseren Schlaf an, diese Zeit, wo wir doch so verwundbar sind?

Intuitiv haben wir eine Beziehung zu der Dunkelheit. Wie sollte es auch anders sein? Schließlich ist sie das Symbol der fruchtbaren Erde, der dunklen Urmutter und des allmächtigen Unterbewusstseins. Unsere allererste Erfahrung ist die des dunklen Mutterleibs, in dem wir noch blind die ersten Herzschläge des Seins erleben. Tiefe, Komplexität, Zentrum, Bewusstsein, Ursprung, Gott – diese Dinge sind stets verborgen, unergründlich und daher dunkel. Die Weiten des Universums sind zu 95 Prozent völlig schwarz und die eines Atoms ebenfalls. Das mächtigste uns bekannte Objekt ist ein Schwarzes Loch und die mächtigste Energie die des dunklen Vakuums. Die Dunkelheit ist eine kosmische Macht, sie erschafft Leben und bringt Klarheit, denn alle großen spirituellen Führer wurden nachts erleuchtet. Alles beginnt in der Dunkelheit. Auch die Entstehung dieses Buches begann mit einem überspannten Im-Dunkeln-Tappen.

Wie in der seltsamen Geschichte vom Herrn Mäuserich wurde auch meine spirituelle Reise durch ein besonderes Leid eingeleitet: Vor einigen Jahren saß ich abseits der Stadt, in der ich damals lebte, in meinem Kleinwagen, mit voll beschlagenen Fensterscheiben und geplatzten Augadern. Verzweifelt schrie ich die Wut und den Schmerz heraus, all die peinigenden Gedanken, die wie eingerostete Zahnräder in meinem Kopf knirschten, mich immerzu an Dinge aus meiner Vergangenheit erinnerten und leidvolle Bilder erzeugten voller Beschuldigungen und Wahnsinn, gerichtet an Gott, an das Leben und an mich selbst.

Plötzlich geschah etwas Unerwartetes: Als hätte mein Körper mein Geschrei satt, bekam ich plötzlich keine Luft. Ich begann zu keuchen. Hastig, wie von selbst, öffnete ich die Tür und landete im Matsch. Ich verblieb einige Zeit in einer Pfütze liegend, weil ich der Zeuge einer kleinen inneren Verwandlung wurde: Ich ertappte mich beim Genuss der Kühle. Frische Luft kitzelte mein Gesicht. Der Regen hatte nachgelassen. Nun war es still um mich herum, irgendwie verzaubert und verändert. Und dunkel. Ich hörte nichts, bis auf meine irrsinnigen Gedanken, die mir jetzt völlig belanglos erschienen. Ich fühlte mich präsent. Ich atmete. Ich lebte. Und da erkannte ich diesen seltsamen Unterschied zwischen dem mystischen Schweigen um mich herum und dem hastigen, zittrigen Getöse in meinem Kopf. Die Nacht, in der ich mich nun befand, umklammerte mich mit ihrer Stille und ließ nicht mehr los.

Ihre Botschaft war: Alles, was ist, ist erwünscht, weil es in diesem Moment nicht anders sein kann. Welch eine Erleichterung.

Der Psychologe Klausbernd Vollmar schrieb in seinem Werk „Das Geheimnis der Farbe Schwarz" (das leider nicht mehr gedruckt wird) Folgendes über das mystische heilende Dunkle:

„Das Licht des männlichen Geistes kann zwar das Dunkel des Weiblichen erhellen, wie auch das Dunkel des Weiblichen den männlichen Geist aus seiner Erstarrung im Lichte befreien kann, doch der männliche Geist fürchtet das weibliche Dunkel, das Unbewusste. Er fürchtet in jenes Urchaos, das Leben schenken kann, zurück geschlungen zu werden und kämpft mit Logik und Struktur gegen jene Erscheinungsformen des Weiblichen, die ihm ein dunkles Rätsel bleiben."

Trotz oder wegen ihrer Geheimnistuerei stellt die Dunkelheit das größte Rätsel überhaupt dar. Sie ist mehr als all die langweiligen Klischees, mit denen wir sie verbinden, sie ist mehr als „unheimlich“ oder „Leid“. Die Dunkelheit ist weise und sehr, sehr alt. Und eine ihrer Botschaften lautet:

Mit offenen Augen siehst du das Wunder, mit geschlossenen Augen *bist* du das Wunder. Möchtest du wissen, was diese Worte bedeuten?

Glück in der Finsternis

Eines sonnigen Tages wollte der neugierige Hase Graupfote wissen, was Glück ist. Er ging hinaus und machte sich auf die Suche. Doch niemand kannte die Antwort auf seine verwirrende Frage. Irgendwann traf er jedoch eine alte Igelfrau, die ihm bezeugte zu wissen, was Glück ist. Sie führte ihn in ihr Haus und zeigte ein mit einem Tuch bedecktes Bild.

„Was sieht man auf dem Bild?“, wollte der Hase wissen.

„Die Antwort auf deine Frage“, entgegnete die alte Igelfrau, „bist du bereit?“

Der Hase nickte ganz ungeduldig. Die Igelfrau entfernte das Tuch und offenbarte das Geheimnis. Der Hase Graupforte versank allerdings in tiefer Verwunderung. Denn das Bild war kein Bild, sondern ein uralter, zerkratzter Spiegel.

Das Glück und die Sehnsucht nach uns selbst sind die stärkste Motivation, die wir haben. Obgleich wir bisweilen davon überzeugt sind, andere Beweggründe für unser Getriebensein zu haben, spüren wir, wenn wir für einen Moment inne halten, das tiefe Verlangen nach innerer Erfüllung.

Alles, was wir tun, ganz gleich, wie schrecklich es auch erscheinen mag, tun wir, um glücklich zu sein (was natürlich keineswegs als eine Rechtfertigung für eine Schandtat dient). Wir alle wollen Glück erfahren. Vielleicht erscheinen dir diese Worte banal oder selbstverständlich. Doch ist dir wirklich bewusst, dass wir alle ohne Ausnahme glücklich sein wollen? Weder reich noch berühmt, weder schön noch erfolgreich, sondern einfach nur glücklich. Es geht uns nicht um Gegenstände oder Erfolg oder Anerkennung, sondern um ein bestimmtes Gefühl.

Bereits vor 40000 Jahren benutzten die Menschen vergorene Früchte, um dieses Gefühl zu berühren. Die Babylonier verwendeten Halluzinogene, ebenso wie die Ägypter und die indianischen Schamanen. Durch die Wirkung von Mutterkorn, Stechapfel oder Tollkirsche glaubten die Weisen den Kontakt mit den Ahnen oder Naturgeistern aufnehmen und so die eigenen heilenden Kräfte stärken zu können. Doch in erster Linie waren sie auf der Suche nach der absoluten Ekstase. Sie wollten das Unsichtbare, jenseits von Materie und Gewohnheit kosten. Sie wollten die Welt hinter der Welt erleben, den Ort, wo das Glück zuhause ist.

Auch heute ist jeder von uns auf der Suche nach dieser einen Quelle. Hast du diese Quelle gefunden? Bist du glücklich? Ich kenne nur wenige Menschen, die wirklich glücklich sind. Natürlich ist jeder dann und wann beglückt und hopst durch die Gegend, wenn irgendetwas Tolles passiert ist. Doch die meiste Zeit sind wir doch eher besorgt, unruhig, unsicher.

Unzufrieden. Warum? Wo ist diese verdammte Quelle?

Wenn man sich mit dem Wesen und der Wirkung einer Droge ein wenig auseinandersetzt, wird man auf etwas

Verblüffendes aufmerksam: An sich ist es völlig unwichtig, welche Droge man konsumiert, sie alle spielen lediglich mit den Transmittern und Rezeptoren unserer Wahrnehmung, *ohne* neue Elemente hinzuzufügen. Die Droge stimuliert, aktiviert oder deaktiviert Elemente, die sich in unserem Gehirn bereits befinden: Chlorpromazin beispielsweise ähnelt dem Glückshormon Dopamin. Alkohol hemmt die Nervenleitungen. Bei den Opiaten Morphin und Heroin ist es sogar nachgewiesen, dass der menschliche Körper Zellen für solche Strukturen bereithält. Sie werden Endorphine genannt, *Glückshormone*.

Mit anderen Worten: Alles, was wir brauchen, tragen wir in uns. Wir sind die Quelle. Die Suche nach Glück, ist die Suche nach uns selbst. Und wo sollten wir diesem Selbst näher sein, als in einem dunklen Raum, in dem die Welt verschwindet?

Warum also ein dunkler Raum? In der buddhistischen Tantra wird diese Frage auf eine wunderbare Weise beantwortet: „Wenn du vor dir im Raume nichts mehr siehst, und dann mit deinem eigenen Geist den eigenen Geist betrachtest, verschwinden alle Unterscheidungen, und du gelangst zur Buddhaschaft.“ Übrigens gilt im Tibet ein längerer Aufenthalt in einem völlig dunklen Raum als der Königsweg zur Erleuchtung. Doch warum?

Wahrscheinlich kennst du das geniale Märchen von einem Betrunkenen, der um eine Laterne herum seinen Schlüssel sucht und einem Passanten auf die Frage, warum er ausgerechnet unter einer Laterne seinen Schlüssel vermutet, antwortet: „Weil es hier hell ist!" Wir sind es gewohnt, im Lichte nach der Wahrheit zu suchen. Doch obwohl das wundersame Licht die tiefen Sehnsüchte nach Wärme, Liebe, Hoffnung und Klarheit erfüllt, unterstreicht es gleichzeitig einen bestehenden Mangel. Das Licht bringt uns dazu, *außerhalb* des eigenen Selbst nach Glück zu suchen. Schließlich erleben wir ja das Licht außerhalb von uns. Das Licht kompensiert sozusagen einen Mangel.

Das Spannende ist die Tatsache, dass das Gehirn, in dem die Glücksmacher Endorphine freigesetzt werden und die gesamte Emotionalität reguliert wird, von der Außenwelt und vor allem vom Licht völlig abgeschnitten ist. Ist es nicht merkwürdig? *Das Gehirn kennt kein Licht.* Somit sind wir nicht nach Licht süchtig, sondern nach dem, was das Licht in uns auslöst. Das Licht ist, vorsichtig ausgedrückt, eine Droge. Sie weist auf etwas in uns hin:

Das Licht ist in uns.

Die eher langweilige und in Verruf geratene Finsternis erfüllt zunächst keinerlei Sehnsüchte, sondern bietet einen stillen Raum für eine Selbstbetrachtung. Damit macht sie aus einem Mangelwesen ein vollkommenes Wesen, das das Glück *in* sich sucht. Die Finsternis offenbart die Quelle des Lichtes und des Glückes: Dich.

Wenn die islamischen Derwische tanzen und sich dabei um die eigene Achse drehen, erfahren sie ein tiefes Geheimnis der Welt: Sie spüren, dass die Welt sich um *sie* dreht. Dies ist die Erfahrung der Finsternis: In der Dunkelheit geht es allein um dich, es geht nicht darum, was für einen Job du hast oder, ob du deine Gesichtshaut regelmäßig eincremst. Es geht um dich, es geht um das, was du *bist.* Erst wenn sich der Sturm aus Gedanken legt, spüren wir die Essenz des Seins. Wir spüren uns selbst und erkennen, dass wir Stille sind.

Dunkelheit ist Stille, *optische* Stille.

Doch gerade weil wir in einem dunklen Raum nichts mehr sehen, wird unsere Phantasie geradezu herausgefordert. Wir vermuten Monster, Mörder, wilde Tiere. Wohl deswegen ist die Dunkelheit zum Symbol des Bösen und des Leids geworden, zu einem Gegenteil von Licht.

Doch die Finsternis ist keineswegs das Gegenteil von Licht. Das Licht entsteht vielmehr *in* der Dunkelheit. Licht kann man erzeugen, die Finsternis nicht. War dir das bewusst? Ich wiederhole den letzten Teil: Die Finsternis kann man nicht erzeugen. Oder hast du schon Mal Dunkelheit erschaffen? Alle Formen des Lichtes wie Glühlampenlicht, Kerzenlicht, Laternenlicht können wir herstellen, die Dunkelheit nicht. Selbst wenn wir die Vorhänge oder Rollläden zuziehen, erschaffen wir keine Dunkelheit, sondern hören auf, Licht zu erschaffen. Denn die Finsternis ist ein Raum, in dem das Licht leuchtet – ein Raum, der immer da ist, mit Licht oder ohne Licht.

Mit anderen Worten: Die Dunkelheit ist immer da. Man kann sie weder erzeugen, noch imitieren. Es gibt nur ein „Ding“ auf das eine ähnliche Beschreibung passt: Energie.

Oder: Gott.

Und genau hier wird es sehr spannend: Seit klein auf leben viele oder sogar die meisten von uns mit der Vorstellung, der liebe Gott und alles andere, was „gut“, „richtig“ oder

„erstrebenswert“ ist, sei Licht. Wogegen alles andere, was nicht diesen Werten entspricht, mit Unbehagen in den dunklen Keller hinab geworfen wird. Zeugt diese Einstellung von einer Ganzheit? Wo verbleiben unsere Wutausbrüche und Fehler, unsere Schuldgefühle, Verlangen und alles andere, was in der Welt des Lichtes und der Moral nicht willkommen ist? In der Dunkelheit. Warum?

Weil die Dunkelheit immer „Ja“ sagt. Sie macht keine Unterschiede.

Requiem für eine Schönheit

Innerhalb meiner dreijährigen Nachforschungen, habe ich festgestellt, dass die Büchereien und das Internet frustrierend wenig Wissen über das Wesen der Dunkelheit besitzen, da wir diese mysteriöse Schwärze ganz einfach meiden. In den Gesprächsrunden fällt eher selten ein Wort über die Dunkelheit. Und ich selbst komme nicht umhin, mich immer wieder zu fragen, was du wohl von einem Menschen denkst, der ein Buch über die Dunkelheit schreibt: „Spinner? Satanist? Weltfremder?"

An dieser Stelle möchte ich erneut den Farbenforscher Klausbernd Vollmar zitieren. Es wundert ihn nicht, „dass die neue Welle der Spiritualität, die so genannte New-Age-Bewegung, das Schwarze verdrängt oder ablehnt. Immer wenn in diesen Kreisen über Spiritualität gesprochen wird, ist zugleich vom Licht und von der Farbe Weiß die Rede. Die meisten prominenten Referenten und Lehrer der ‚Szene', Medien und Geistheiler zeigen sich in der Öffentlichkeit in weißer Kleidung. Im ‚Light Age' scheint das Schwarze und Dunkle keinen Platz mehr zu haben. Wir sollen positiv denken und uns von keinem bösen Gedanken beflecken lassen; meditieren dürfen wir nur auf das weiße Licht. Das mag eine Zeit lang den Geist erhellen, doch das Dunkle wird in den Untergrund der Seele verdrängt."

Unsere moderne Zivilisation hat es fertig gebracht, alles Dunkle so weit es geht zu verdrängen (die Stromkrise der USA spricht für sich). Man spricht heutzutage gar von einer

Lichtverschmutzung, die vor allem für die Tierwelt eine große Belastung darstellt: Jährlich kollidieren etwa 100 Millionen Vögel mit beleuchteten Hochhäusern und Ölplattformen. In hell erleuchteten Metropolen singen die verwirrten Tiere sogar bis Mitternacht, da ihr Tagesrhythmus gestört ist.

Auch die menschliche Gesundheit ist betroffen: Zu viel Licht sorgt für Schneeblindheit, Gereiztheit, Kopfschmerzen, Sehbehinderungen, wie Makula Degeneration und vor allen Dingen Brustkrebs: Mediziner haben festgestellt, dass diese Krankheit in den Industrieländern fünf Mal häufiger in Erscheinung tritt, als in den Ländern der Dritten Welt. Auch die Eskimos, die rund um den Nordpol weniger Licht ausgesetzt sind, haben deutlich weniger Brust- oder Prostatakrebs. Weshalb?

Wenn Menschen vor allem nachts zu viel Licht ausgesetzt werden, kann sich das Hormon Melatonin nicht bilden, da es „nachtaktiv" ist. Melatonin steuert den Tag-und-Nacht-Rhythmus, das Wachstum von Tumoren verlangsamt und altersbedingte Krankheiten positiv beeinflusst. Aber vor allem hemmt es die Produktion von Östrogen, das bei der Entstehung von Brustkrebs eine wichtige Rolle spielt.

Mit anderen Worten: Zu viel Licht ist schädlich.

Bemerkenswert ist ja die Tatsache, dass unsere Vorfahren, besonders die, die vor der industriellen Revolution lebten, einen völlig anderen Schlafrhythmus hatten, als wir heute. Der Ur-Schlaf ist nämlich keineswegs durchgehend, sondern unterteilt in mehrere Schlafphasen. Die Wachpausen dazwischen dienen zur Besinnung der Träume und ihrer Deutung. Da der moderne Mensch jedoch zu viel künstlichem Licht ausgesetzt ist, veränderte sich sein Schlafverhalten. Dies führt uns heute zum teilweisen Vergessen der Träume und ihrer Bedeutung. Natürlich erleben wir auch intensive Ausnahmen, die uns noch tagelang begleiten. Doch meist bleiben die nächtlichen Eindrücke verschwommen, befremdlich, oder wir meinen sogar, nicht geträumt zu haben, obwohl wir jede Nacht mehrmals träumen.

Was geht uns also verloren, wenn wir sowohl sprichwörtlich als auch im übertragenden Sinne die Nacht zum Tage machen?

Wahrscheinlich fragst du dich jetzt: „Worauf willst du hinaus? Sollen wir jetzt in der Dunkelheit hausen und das Licht meiden?" Natürlich nicht. Ich selbst liebe das Licht, die Sonne, die Farben, die Wärme und möchte sie keineswegs missen. Die besagten Feststellungen sollen einzig und allein auf die angesprochene Sucht bzw. Angst aufmerksam machen. Was genau wollen wir nicht sehen, wenn es dunkel wird? *Wem* wollen wir nicht begegnen?

Uns selbst natürlich.

Rendezvous mit Hindernissen

Apropos sich selbst begegnen: Etwa einen Monat nach meinem ersten Erlebnis mit der Dunkelheit außerhalb meines Autos, hatte ich beschlossen, das Geheimnis der Finsternis etwas genauer zu erforschen. So fuhr ich in das noch unbewohnte Häuschen meiner Schwiegereltern, am Rande eines Naturschutzgebietes, mit dem wahnwitzigen Ziel, eine Woche in völliger Dunkelheit zu verbringen.

Was hatte ich mir bloß dabei gedacht … Bereits in der ersten Nacht erkannte ich die schiere Unmöglichkeit dieser Begegnung: Ich saß in einem dunklen verlassenen Zimmer, in einem dunklen verlassenen Haus und fürchtete mich wie selten zuvor. Um mich herum hörte ich dieses Knacksen und Tapsen und dachte natürlich nur noch an Ungeheuer und Mörder und Einbrecher. Es war unerträglich.

Also erlöste ich mich von meinen Qualen und schaltete das Licht an. Dann begann ich mich mit der Dunkelheit zu befassen, über sie nachzudenken und sie zu erspüren. Es dauerte einige Tage, bis ich die Tatsache annehmen konnte, dass die Dunkelheit selbst nichts tut. Sie ist eine Art Spiegel, eine Leinwand. Das, was wir am meisten fürchten, wird in ihr sichtbar.

Am fünften Tag war ich tatsächlich so weit, der Dunkelheit zu begegnen. Ich setzte mich in die Mitte des Raumes, begann mich zu öffnen und die Ängste zuzulassen. Dennoch zitterte ich weiterhin, da mir meine Phantasie furchtbare

Schrecken hervorbrachte: Zukunftsvisionen, Erlebnisse aus der Vergangenheit, Selbstverleugnung, Wut, Hass, usw. Immer mehr schien ich den Boden unter den Füßen zu verlieren, denn in der Dunkelheit der Nacht sah ich keinen Halt, nichts Vertrautes, nichts als eine gähnende Leere, die mich regelrecht dazu zwang, loszulassen und anzunehmen.

Nach einer anfänglichen Verkrampfung spürte ich irgendwann einen seltsamen Sog, der mich in eine bestimmte Richtung trieb. Widerwillig folgte ich diesem Sog und landete in der dunkelsten Ecke des Raumes. Hier sah ich nichts mehr – wenn ich vorhin noch eine leichte Ahnung des Raumes und der Einrichtung gewinnen konnte, war ich nun wie blind. Ich starrte in die fast stoffliche Dunkelheit. Es vergingen einige Augenblicke … dann wurde mir etwas deutlich.

Es war banal, wirklich sehr, sehr einfach, doch von solch einer Tiefe, dass mir der Atem stockte: In dieser undurchdringlichen stofflichen Schwärze sah ich herunter auf meinen Unterleib und sah nichts. Gleichzeitig wusste ich, dass ich nicht blind war, sondern weiterhin sah. Doch es gab nichts zum Sehen, bis auf diesen pechschwarzen und formlosen Ozean. Alles war eins. Dasselbe. Ich erblickte die Ewigkeit. Ich war nicht wirklich da, und doch fühlte ich mich präsenter denn je. Ich bewegte meine Arme, hüpfte herum, machte Grimassen und trotzdem verblieb die Finsternis weiterhin still und friedlich. Sie urteilte nicht, sie wusste nichts von vergänglichen Dingen. Und ich fühlte mich verbunden und beschützt, vereint und frei.

Erneut erfuhr ich diese wunderschöne Weisheit: Alles, was ist, ist erwünscht.

Da erkannte ich die Unschuld der Dinge: Wenn man versucht seiner Mutter zu verzeihen, es aber nicht schaffst, so darf es sein. Wenn man seinen Vater lieben möchte, doch alle Bemühungen fehlschlagen, so darf es ein. Wenn man flucht, Neid verspürt oder unerträgliche Angst, so darf es sein. All die Scherereien mit dem Leben, mit den Arbeitskollegen, mit Gott und mit einem selbst, all das darf da sein. Denn es *ist* bereits da. Jede Heilung beginnt mit dem Annehmen.

Wenn du ein besonders moralischer Mensch bist, wirst du möglicherweise ganz besonders stark all die „dunklen" Empfindungen von dir weisen, da sie angeblich nicht göttlich oder rein sind. Aber das sind sie. Gott ist alles. Alles ist in Gott.

In dir.

Der Zweck dieses Buches

Ich habe auf den folgenden Seiten so gut ich konnte versucht, all die vielen Facetten unserer dunklen Freundin (der Dunkelheit) in ein kleines gemütliches Geschenk zu verpacken. Doch die Thematik ist recht groß, wie du feststellen wirst, und reicht von spirituellen und wissenschaftlichen bis hin zu mythologischen Befunden und Erkenntnissen, die alle ein komplexes Bild einer verlorenen Schönheit ergeben. Dabei konzentrierte ich mich auf zwei Aspekte: Auf das Wesen und die Bedeutung der Dunkelheit und auf die spirituelle und psychologische Selbsterforschung des Menschen, der sich in der Dunkelheit befindet. Für den zweiten Punkt habe ich mir eine kleine Reise ausgedacht, die du schon bald antreten wirst.

Ich habe mich ganz bewusst für eine persönliche Schreibform entschieden, um mich nicht in all den Fakten zu verlieren und natürlich im Sinne eines vertrauten Verhältnisses mit meinem Leser – mit dir. Zwar kennen wir uns nicht, doch bin ich mir sicher, dass du ebenso wie ich ein neugieriger Indiana Jones der Selbsterforschung bist, der niemals aufhören wird, Fragen zu stellen. Eben deswegen möchte ich dich unbedingt mit diesem Thema faszinieren und am liebsten sogar unterhalten und keineswegs in Angst versetzen, was natürlich angesichts der unberührten Thematik schon passieren kann.

Natürlich möchte ich auch mit meinem Buch das Neue Bewusstsein unterstützen und die aufkommende Sicht auf die absolute Einheit der Dinge verstärken. Denn es ist an der Zeit, die dämonische Maske, die wir der Dunkelheit aufgesetzt haben, zu entreißen, ihr in die Augen zu blicken und sie zu umarmen. Schließlich ist die Integration von etwas, was unsere Welt fast vollständig ausmacht und gleichzeitig am meisten gefürchtet wird, wichtig und gesund, findest du nicht? In diesem Sinne habe ich immer wieder die Rolle des Lichtes hinterfragt und herausgefordert, also bitte nicht falsch verstehen.

Da ich dieses Buch in Eigenregie auf den Markt gebracht habe, habe ich sicherlich hier und da Schreibfehler hinterlassen. Ich bitte um Nachsicht und Verständnis.

Ich bedanke mich für deine Aufmerksamkeit, ich bedanke mich für den Kauf dieses Buches und wünsche dir viel Vergnügen auf deiner Reise durch das größte Mysterium überhaupt.

Teil II:
Carpe Noctem

„Und Mose nahte sich zum Dunkel, wo Gott war."

Mose, 20, 21

Märchenstunde

Auf einer Wiese lebte die Kaktusblume Selene. Im Gegensatz zu ihren Schwestern blühte sie in der Nacht und wurde von manch einer dichterischen Sturmschwalbe als „die Königin der Nacht“ bezeichnet. All die anderen Blumen jedoch waren weniger von ihrer Sonderbarkeit begeistert: „Warum blühst du nicht am Tage wie all die anderen Blumen?“, meinten sie, „willst du denn nicht auffallen?“

Doch Selene schüttelte nur ihr Köpfchen und antwortete: „Nein, meine Lieben, ich möchte nicht auffallen. Vielmehr möchte ich strahlen. Und strahlen kann man nur in der Nacht.“

Echnatons Irrtum

In einer ihrer Dokumentationen, die Menschen auf der ganzen Welt geheilt und verändert haben, sagt die großartige Wundertäterin Louise Hay: „Ich heile niemanden. Aber ich biete einen Raum, in dem wir enthüllen, wie wundervoll wir sind. Und viele Menschen erkennen, dass sie in der Lage sind, sich selbst zu heilen." Obwohl Louise Hay nicht mit einem dunklen Raum arbeitet, beinhaltet ihre Philosophie und Arbeitsweise die Devise unserer dunklen Freundin: Ein Raum, in dem wir das sein dürfen, was wir sind und uns schließlich selbst erkennen und befreien.

Mit offenen Augen sehen wir das Wunder. Mit verschlossenen sind wir das Wunder.

Wie bereits erwähnt, gilt in Tibet der Aufenthalt in einem dunklen Raum als der Königsweg zur Erleuchtung. Der Grund dafür ist sicherlich das, was uns zunächst verängstigt: Wir verlieren jedes Gefühl für Räumlichkeit und jedwede Orientierung. Wir erfahren eine Leere. Im Buddhismus oder anderen spirituellen Traditionen ist diese Leere allerdings der Zustand absoluter Glückseligkeit. Schließlich entsteht Leid aus einem abhängigen Bezug zu Formen, persönlichen Eigenschaften, Identifikationen, Beziehungen und Erinnerungen. Genau hier liegt die reinigende Wirkung des dunklen Raumes. Wir erfahren gewissermaßen einen jungfräulichen Zustand. Einen Neuanfang.

Dieser Neuanfang ist keineswegs als Symbol gemeint, sondern ganz und gar praktisch: Nach einem zehnminütigen Aufenthalt in einem dunklen Raum wird die Welt der Formen und des Lichtes frischer und angenehmer und man hat das Gefühl, ein kleines Nickerchen gemacht zu haben.

Aus diesem Grunde lade ich dich ein, in einen dunklen Raum zu gehen. Am besten ist ein völlig vom Licht abgedichtetes Zimmer, eine Art Dunkelkammer. Setze oder leg dich hin, wie es dir beliebt und beobachte einfach, was passiert. Betrachte das Flimmern in den Augen. Warte bitte ein wenig, bis es vergeht und deine Augen von der Hektik des Tages gereinigt sind. Übrigens (um auf die heilende Wirkung der Dunkelheit hinzuweisen) wird Migräneerkrankten Menschen empfohlen, bei besonders starken Schmerzen, in einem dunklen Raum zu verweilen. Dasselbe gilt für Kopfschmerzen, übermüdete Augen oder allergische Reaktionen. Wenn du keinen dunklen Raum zur Verfügung hast, kannst du dich natürlich nachts, wenn alles schlummert, auf einen Balkon setzen oder es dir im Wohnzimmer gemütlich machen.

Das Bemerkenswerte an der Selbsterfahrung in der Dunkelheit ist die Wahrnehmung des eigenen Körpers. Die Dunkelheit ist ein Verstärker. Sie verstärkt die Wahrnehmung der Gedanken und Gefühle, aber vor allem der Atmung und des Herzschlags – der wichtigsten Werkzeuge der Heilung und des Bewusstseins.

Wenn du dich in einem dunklen Raum befindest, wirst du bemerken, dass die Atmung recht stark in den Ohren pocht, wahrscheinlich anders als du es sonst gewohnt bist. In unserem Alltag geht die Atmung nur zu oft unter. Wir atmen flach und flüchtig. Da wir in einer Welt leben, in der Gefühle nicht selten kontrolliert oder sogar abgestellt werden müssen, stellt die Atmung eine Art Gefahr dar. Warum? Mit der Atmung berühren wir unsere innere Welt, was natürlich eine gewisse Kunstfertigkeit verlangt. Durch die Atmung wird uns unsere mögliche Unzufriedenheit und Zerrissenheit bewusst, die in einem Büro oder in einer wichtigen Besprechung vielleicht problematisch sein könnten. Also halten wir einfach die Luft an oder atmen flach.

Darum atme, wenn es dunkel um dich wird. Genieße die massiven Laute, die du dabei von dir gibst und lass alles so, wie es ist. Wenn du gerade ängstlich bist, so darf es sein, wenn du schüchtern bist, so darf es sein, wenn du nach etwas verlangst, so darf es sein. Leiste bitte keinen Widerstand und spüre deinen Körper. Du wirst schon bald bemerken, wie still und friedlich du sein kannst.

Wahrscheinlich wird dein Herz am Anfang deines Aufenthaltes in der Dunkelheit der Nacht oder eines dunklen Raumes wie verrückt klopfen. Lege bitte die Hand auf dein Herz und spüre deinen Herzschlag. Dies ist eine wunderbare Gelegenheit deine Aufmerksamkeit vom Denken wenigstens für einen Moment abzulenken und das Organ zu spüren, das uns am Leben hält. Du wirst merken, dass das Herz auf deine Geste reagiert und ruhiger wird. Das Leben ereignet sich im Herzen, nicht im Kopf. Gedanken sind wichtig, doch das geheimnisvolle Bu-Bum, Bu-Bum, Bu-Bum ist wichtiger, da das Herz, als großer Magnet den kompletten Körper mit seinen Schwingungen anleitet.

Beruhige dein Herz, und du beruhigst deine Welt.

Nun möchte ich dich auf eine Reise mitnehmen. Stell dir vor, wie deine persönliche Dunkelkammer mit einem plötzlichen Ruck auseinander bricht und einen ewigen grenzenlosen Raum dahinter offenbart. Etwas verwundert, doch schon bald recht gelassen, beäugst du die ewige Schwärze um dich herum, in einer absoluten Stille versunken. Kein Geräusch, kein Gegenstand, nichts, bis auf dich. Du bist da, spürst deine Atmung, hörst deinen Herzschlag und erwartest nichts, wie ein Buddha in Perfektion.

Doch dann beginnt die Dunkelheit zu erbeben. Irgendetwas geschieht, doch du kannst nichts erkennen – ist ja auch völlig dunkel hier. Plötzlich macht es „Blob!" und eine kleine leuchtende Kerze kommt aus dem Nichts zum Vorschein. Nun schwebt sie im leeren Raum vor sich hin. Ihre sanften Flämmchen blenden dich für einen Moment, doch du gewöhnst dich an das zarte Licht und empfindest Freude und Erinnerungen an gemütliche Momente aus deinem Leben.

Und nun, da du das Licht in der Finsternis erblickst, möchte ich dir eine Frage stellen: Warum glaubst du, dass du das Licht wirklich siehst? Hast du gewusst, dass unser Gehirn sowohl vom Schall als auch vom Licht völlig isoliert ist? Es hat niemals Kontakt zum Licht und befindet sich in *völliger Dunkelheit*. Ist es nicht sonderbar, dass das Organ, das von der Gegenwart des Lichtes absolut überzeugt ist, dieses überhaupt nicht kennt?

Lass uns diese verrückte Sonderbarkeit etwas genauer betrachten: Wenn ein Lichtstrahl unser Auge passiert, wird es gebündelt und an die Netzhaut weitergeleitet. Dabei wird es in elektrische Signale umgewandelt und ins Sehzentrum im Hinterkopf geleitet. Dadurch entsteht ein Bild.

Doch das Ganze hat einen kleinen Hacken: Das Bild, das das Gehirn im Endeffekt sieht, ist ein elektrischer Impuls, genauer gesagt *eine Kopie* und nicht das Original. Wenn wir Licht sehen, sehen wir in Wahrheit die Information über eine *mögliche* leuchtende Erscheinung.

Es gibt keinen Beweis, dass das Original wirklich da ist.

Wir unterscheiden zwar zwischen dem Wahrnehmen und dem, *was* wir wahrnehmen, doch dieser Unterschied ist ein Trugschluss. Niemand kann bezeugen, dass das Wahrgenommene auch wirklich da ist, denn jeder Kotakt ist ein Wahrnehmen. So existiert die Angst nicht, sondern die Wahrnehmung der Angst. So existiert die Liebe nicht, sondern die Wahrnehmung der Liebe.

Ebenso verhält es sich mit Licht. Das Licht ist nicht da. Was da ist, ist die Wahrnehmung des Lichtes. Wo ereignet sich diese Wahrnehmung? In uns. Alles, was wir wahrnehmen, nehmen wir in uns wahr. Es gibt also kein „da draußen". Die Welt ist Wahrnehmung. Die Welt ist in uns.

Die Kerze, die du siehst, ist in dir.

Kann Gott Licht sein, wenn Gott das Licht erschuf? Damit sich diese Frage gewissermaßen von alleine beantwortet, sollten wir uns fragen was Licht überhaupt ist. Licht ist eine elektromagnetische Strahlung, die man mit bloßem Auge sieht, also eine Form von Energie. Weil das Licht sich bewegt, können wir es wahrnehmen. Das spannende Stichwort lautet dabei „Bewegung", eine schnelle, aber nicht unendlich schnelle Bewegung, sondern eine konstante Bewegung von 300000 km/s. Mir geht es eigentlich nicht um die Größe der Geschwindigkeit, sondern um die Tatsache, dass das Licht überhaupt eine Geschwindigkeit *besitzt*.

Wenn das Göttliche aus Licht bestünde, wieso bräuchte es eine Geschwindigkeit? Wieso müsste es reisen?

Das Licht der Sonne braucht etwa 8,3 Minuten bis es die Erde erreicht. Im Gegensatz zum Licht besitzt unsere dunkle Freundin keine Geschwindigkeit. Sie reist nicht, da sie bereits überall ist. Wo entsteht das Licht? In der Dunkelheit. Wo reist das Licht? In der Dunkelheit. Wohin verschwindet das Licht? In die Dunkelheit.

Die Dunkelheit ist ewig, das Licht nicht.

Seit wir den Weltraum erforschen, wissen wir, dass die Sonne nicht „untergeht", sondern sich die Erde um sie dreht. Dennoch sprechen wir immer noch von einem Sonnenunter- und einem Sonnenaufgang und schöpfen daraus die Dualität der Welt aus einem leuchtenden Tag und einer finsteren Nacht. Erinnerst du dich noch an das Weltraumabenteuer Gagarins, als er durch das Bullauge seiner Rakete hinausspähte und die Erde erblickte? Aus dem Weltraum betrachtet, entpuppt sich der Tag-und-Nacht-Zyklus als eine örtliche Illusion. Dort, im All, herrscht Nacht und zwar die ganze Zeit hindurch. Diese Nacht umhüllt jedes Objekt im Weltraum, sei es ein Meteorit, ein Planet oder die Sonne.

Mit anderen Worten: Das Phänomen „Tag“ ist vergleichbar mit dem Beleuchten eines nächtlichen Waldes mit einer Taschenlampe. Dort wo der Strahl hingelangt, erkennt man einen Baumstamm, einen Ast oder einen balzwütigen Bären. Was ist ein Tag? Ein Tag ist nichts anderes als eine sehr viel komplexere Version eines Taschenlampenlichtstrahls, der einen Teil der Nacht *vorübergehend* zum Leuchten bringt.

Die Nacht ist ewig, der Tag nicht.

Halte bitte einen Moment inne und kehre in deinen dunklen Raum zurück. Die kleine Kerze ist bereits verschwunden, und du betrachtest abermals die sonderbare, schweigende Schwärze um dich herum. Spüre bitte deine Atmung und entspanne dich ein wenig, während ich das nächste Schauspiel vorbereite.

Und los geht’s: Erneut scheint in der Dunkelheit etwas zu geschehen, aber du siehst nichts … Moment … Da! Was ist das? In einiger Entfernung erblickst du eine gigantische pulsierende Wolke, reichlich angefüllt mit kleinen leuchtenden Partikeln, die sich immer mehr zu einem Klumpen verdichten. Auch wenn dieser Prozess in einem physikalisch korrekten Universum mehrere Millionen Jahre benötigt, erblickst du bereits nach einigen Minuten einen gewaltigen vibrierenden Feuerball, und du ahnst, dass es sich dabei um die Sonne handelt. Im gleichen Augenblick erreicht das Vibrieren seinen ekstatischen Höhepunkt und die Sonne erwacht zum Leben. Der dunkle Raum erzittert, als du mit Freude und Begeisterung den ersten Sonnenstrahl erblickst. Was für ein Schauspiel!

Es war wohl dieses liebreizende und sanftmütige Schauspiel, das 1300 v. Chr. den ägyptischen Pharao Echnaton dazu bewegt hatte, den Monotheismus, also den Glauben an einen Gott, zu verkünden, was in der spirituellen Entwicklung der Menschheit ein wichtiger Schritt war. Schließlich wurde damals eine ganze Schar von wilden und haarigen Göttern angebetet und jeder wollte DER Gott sein. Und dann kam Echnaton und setzte dem ganzen Zirkus ein Ende. Sein wundersamer Sonnengott Aton verkörperte für den Pharao die absolute Göttlichkeit und Macht. Damit hatte Echnaton, wie du dir denken kannst, die folgenden Generationen im Bezug auf die Lichtverehrung entscheidend beeinflusst. Jahrtausendelang glaubten die Menschen an die Ewigkeit der Sonne und brachten ihr Opfer dar.

Ist Gott Licht? Ist Gott eine Sonne? Was ist überhaupt eine Sonne?

Eine Sonne ist eine gigantische Fusionsfabrik, in der Wasserstoff zu Helium verbrannt wird und dabei Energie entsteht – Licht. Eine Sonne befindet sich in einem Prozess und ist keineswegs ewig. Und selbst eine Sonne könnte man erzeugen, was das teuerste Experiment aller Zeiten in

Cadarache, Südfrankreich, beweist. Dort wird von den führenden Wissenschaftlern eine Sonne erschaffen, die 20 Jahre lang die sauberste Energie aller Zeiten liefern soll.

Besonders daran erkennen wir, dass das Licht ein Produkt ist. Ein Produkt? Ja, ein Produkt: Blitze werden von Gewitterwolken erzeugt, Funken von dem Reiben zweier Feuersteine aneinander. Eine weitere verblüffende Annahme, wie das Licht entsteht, ist die so genannte Quantenfluktuation. Dieses sonderbar klingende Phänomen ereignet sich auf der subatomaren Ebene, wo die Teilchen aus dem Nichts entstehen. So wahrscheinlich auch die Lichtphotonen.

Fassen wir kurz zusammen: Licht kann erzeugt werden. Licht ist ein Produkt. Licht *braucht* eine Quelle. Kann Gott Licht sein? Du darfst die Frage selbst beantworten.

„Bevor Er sich in der höchsten Sephira Kether offenbarte, war Er schlichtweg das Unendliche, das verborgen ist und kein Licht verbreitet.“

Kabbala

Nur so am Rande: Hast du schon Mal darüber nachgedacht, warum geborene Blinde, die das Licht nicht kennen, trotzdem ihre Erleuchtung erreichen können? Ist das Licht wirklich so ausschlaggebend für die innere Befreiung?

Da der Mensch 80 Prozent seiner Umgebung mit den Augen wahrnimmt, also durch das Medium Licht, ist die Wichtigkeit des Lichtes nicht verwunderlich. Doch die Augen betrügen uns gewissermaßen, genauer gesagt, das Licht betrügt uns. Wie das? Viele Sterne, die wir jede Nacht sehen, sind längst erloschen. Ihr Licht aber ist noch unterwegs, da es nicht unendlich schnell reisen kann. Und das ist noch das harmlose Beispiel. Richtig schwindelig wird es, wenn man über Folgendes nachdenkt:

Unser Nervensystem braucht Zeit, um die Sinneseindrücke zu verarbeiten. Das, was wir jetzt erfahren, ist die Erfahrung einer *vergangenen* Welt. Warum vergangenen? Weil die Information über die Welt Zeit braucht, um unser Gehirn zu erreichen. Wir sehen die Welt also niemals in Echtzeit, sondern stets ein wenig zeitversetzt. Und wer weiß, ob die Welt überhaupt noch da ist?

Mit anderen Worten: Dieser Moment, ganz gleich wie echt er sich anfühlen mag, ist eine Erinnerung. Die einzig wahre Gegenwart ist die Dunkelheit.

Liebe und Spinnen

Ich hoffe, dass du mir die vorangegangene, vielleicht ein wenig ketzerisch anmutende Sezierung des Lichtes nicht übel nimmst und ihre Notwendigkeit erkennst. Licht ist wichtig, ohne Frage, doch werden wir niemals die Einheit der Welt erkennen, wenn wir uns krampfhaft auf das Licht konzentrieren. Vor allem werden wir niemals unsere eigene Einheit erfahren, wenn wir nur das Leuchtende in uns tolerieren. In diesem Sinne: Warum fürchten wir uns eigentlich vor der Dunkelheit? Weil sie etwas Bestimmtes symbolisiert, nicht wahr? Sie erinnert uns an unsere *eigene* Dunkelheit. Und schon kriechen all die kleinen Dämonen aus ihren Löchern heraus …

Ich erinnere mich an den Film „Blue Velvet“ von David Lynch, der mit einem himmlischen Panorama aus Rosen auf der Wiese eines sonnendurchfluteten Vorortes beginnt. Im Sinne dieser Harmonie erblickt man freundliche Feuerwehrmänner und eine hilfsbereite Politesse, die Kindern über die Straße hilft. Alles ist wunderbar und irgendwie verzaubert. Friede, Freude, Eierkuchen. Ein älterer Mann gießt ruhevoll die Blumen. Plötzlich fällt er zu Boden. Die Kamera sinkt auf die Erde. Die Harmonie ist vorbei: Im Zwielicht des Grases vernimmt man ein grässliches Knistern und erblickt eine finstere Insektenschar.

Diese starke Szene beschreibt sehr deutlich, was ich meine: Jede noch so schöne Fassade hat ein Geheimnis. Jeder Mensch verbirgt etwas. Auch du, nicht wahr? Auch ich.

Gewalt, Neid, Eifersucht, Gier, Rache, Hass, Wut – die so genannte dunkle Seite, über die wir nicht unbedingt gerne reden und die wir nicht so gerne zeigen. Etwas in uns, das wir nicht immer verstehen können, etwas Verbotenes und Wildes. Um diese dunkle Seite ranken sich ganze Legenden. Die Büchereien, die Filmindustrie und die Internetseiten sind überfüllt mit Werken über Schwarze Magie, Hexerei, Gruselgestalten und natürlich Mord, Mord und nochmals Mord. Der Höhepunkt ist sicherlich der geniale Krieg-der-Sterne-Wasserkocher Darth Vader, der „Luke, ich bin dein Vater!" brodelt.

Und wer kennt ihn nicht, den ewigen Kampf des Lichtes *gegen* die Dunkelheit. Sobald wir uns die Nachrichten im Fernsehen ansehen, erblicken wir diese ewige Schlacht, die alle Jahre wieder das Antlitz ändert. Obwohl wir in einer recht modernen Welt leben, brodelt in uns immer noch die Überzeugung, dass es so etwas wie das „Böse" gibt, das wir bekämpfen müssen. Was verbirgt sich hinter diesem permanenten Widerstand? Natürlich die Angst etwas anzunehmen.

Sicherlich weißt du selbst, dass der erste Schritt Richtung Freiheit und Heilung im Erkennen liegt, im Akzeptieren. Erst wenn wir die Krankheit akzeptieren, anstatt sie zu bekämpfen, durch sie hindurchgehen und mit ihr leben, können wir uns von ihr befreien. So lautet jedenfalls die Theorie, nicht wahr? Doch einem inneren Dämon in die Augen zu blicken und „Willkommen" zu sagen, ist mit Abstand die schwierigste Fertigkeit, die es gibt. Daher wundert es nicht, dass wir eher zum Kampf als zu einem friedvollen Kaffeekränzchen tendieren. Aber wir könnten es wenigstens versuchen, oder? Was hältst du davon, wenn wir es jetzt versuchen?

Insofern stelle ich dir jetzt eine vielleicht etwas merkwürdige Frage: Was empfindest du eigentlich, wenn du die eher unansehnlichen Kreaturen dieser Welt erblickst, wie Spinnen, Schlangen oder Tausendfüßler? Ekel? Angst? Möchtest du nichts von ihnen wissen und lieber wegschauen? Ins Licht blicken? Doch es gibt auf dieser Welt viel mehr dunkle Viecher als helle. Viel, viel mehr.

Hast du gewusst, dass jedes fünfte Säugetier auf der Erde eine Fledermaus ist? Hast du gewusst, dass der absolut lichtlose Tiefseeraum mit seinen hässlichen, aber faszinierenden Kreaturen den größten Lebensraum der Erde darstellt? Oder hast du gewusst, dass 80 Prozent aller Tierarten Insekten sind? Genau wie die Fledermäuse und Tiefseeangler bevorzugen Asseln, Würmer, Schnecken, Ameisen, Pilze oder Spinnen die feuchte Dunkelheit. Der Erdboden ist reicher angefüllt als es auf den ersten Blick aussehen mag: 100 Billionen Geschöpfe pro Kubikmeter. Ich höre dich schon fragen: „Was haben jetzt diese Viecher mit meiner dunklen Seite zu tun?“

Gerade in diesem kuriosen Verhältnis erkennen wir eine Besonderheit des Schöpfers: Wenn Gott alles ist, muss in ihm sowohl für das Warme als auch für das Kalte, sowohl für die schönen Vögel als auch für die „ekligen“ Spinnen Platz sein, für beides muss Gott Mitgefühl und Liebe empfinden, da sie seiner Quelle entspringen. Alle Lebewesen dieser Welt kennen die Finsternis. Jedoch kennt nur ein Bruchteil dieser Wesen das Licht. Warum?

Unsere dunkle Freundin sagt immer „Ja“, zum Schönen und zum Hässlichen, zum Warmen und zum Kalten. Selbst zum Licht, das sie sozusagen vertreibt. In der Finsternis hat jedes

Wesen seinen Platz. Im Lichte nicht, denn das Licht ist für manche Lebewesen tödlich.

Die Finsternis ist das absolute Mitgefühl.

Wohl die meisten von uns halten Insekten und Spinnen für eher widerwärtig als entzückend. Zugegeben bin ich selbst kein großer Liebhaber dieser Wesen und zucke schon zusammen, wenn eine dicke Spinne die Wand entlangläuft. Dabei sind diese Tiere geradezu ein Symbol für das, was unser Mitgefühl verlangt: Unsere Schwächen und Geheimnisse, unsere Triebe und Sehnsüchte. Die Traumsprache ist oft begleitet von Insekten und Arachnoiden. So stehen Spinnen beispielsweise für Geduld, Entscheidungen und Reichtum. Auch die Mythologie bedient sich dieser Wesen, um Geheimnisvolles und Verborgenes anzudeuten.

Wenn wir einen Tausendfüßler oder eine Maus betrachten, so befinden sich die Wesen nicht außerhalb von uns, sondern im Zentrum unserer Wahrnehmung. Und jede Wahrnehmung geschieht Innen, in uns. Die Welt ist in uns, weißt du noch? Nun, dies soll nicht heißen, dass wir jedes Mal, wenn wir eine Kellerassel sehen, sie zum Essen einladen und mit heißen Liebesbriefen überhäufen müssen. Vielmehr gilt es, die innere Ganzheit zu erkennen und anzunehmen, die *inneren* Schmetterlinge und Spinnen, Bienchen und Mäuse, Täubchen und Schlangen ohne Urteil und Abweisung zu umarmen. Denn wir können nicht glücklich sein, wenn wir Dinge, die dazugehören, von uns weisen.

Eine Kellerassel mag unappetitlich aussehen, doch in den Augen eines Biologen ist dieses Wesen ein Wunderwerk der

Natur, eine vollkommene und zutiefst komplexe Form, die kein Wissenschaftler nachbauen oder nachvollziehen könnte.

Genauso ist ein unangenehmes und vielleicht schmerzhaftes Gefühl in uns eine komplexe eigene Welt, die man nicht einfach zudecken und vergessen kann. Was da ist, *will* da sein. Alles Negative, was wir empfinden ist weder böse noch teuflisch noch verwerflich, sondern ein Teil von uns, etwas, was wir aufgebaut haben, etwas, was in seinem Kern gut, lebendig und wertvoll ist. Braucht nicht alles, was wir empfinden, Liebe und Zuneigung? Und verschlimmert sich nicht unsere Lage, wenn wir den Schmerz oder die Angst bekämpfen? *Widerstand erzeugt Beistand.* Aus diesem Grunde ist es sinnlos die Abstellkammer von Spinnen zu säubern, denn diese Tiere kommen zurück, meist an ihren alten Platz.

Dennoch bleibt die Frage offen, weshalb wir die inneren Insekten und Spinnen von uns weisen. Und natürlich verlangt diese Frage eine Menge Selbsterforschung und Feingefühl. Lass uns mit dem Offensichtlichen beginnen: Warum wollen wir unsere inneren Insekten verbergen und nicht ans Tageslicht bringen?

In manchen europäischen Städten haben die Busse auf ihrer Außenverkleidung eine sonderbare Botschaft: „Es gibt keinen Gott, also genieße das Leben." Verbinden wir nicht mit Gott Frömmigkeit, Tugend und Verbote? Und woher kommen unsere Vorstellungen von Gott? Wer sind „Götter" in den ersten Jahren unseres Lebens?

Wenn wir ein wenig an der Oberfläche des Lichtsymbols ankratzen, entdecken wir ein psychologisches Geheimnis: Das Licht ist das wichtigste und gleichzeitig unbeständigste Ereignis in unserem Leben. Mal leuchtet es, Mal nicht. Mal ist es warm, Mal nicht. Die Allegorie dieser Unstetigkeit kennen wir seit unserer Geburt in Form von Menschen, die uns lieben oder auch nicht, die für uns da sind oder auch nicht. Diese Liebe hat also gewisse Voraussetzungen, die wir erfüllen *müssen*. Wir müssen gehorchen, nachgeben, brav sein, hübsch, leise, sonst leiden wir. Die begehrte Liebe lässt uns fallen. Das Licht geht aus.

In früheren Jahren unserer Zivilisation galt das Verschwinden der Sonne, beispielsweise durch eine Sonnenfinsternis, als ein furchtbares Unheil. Unsere Vorfahren gingen davon aus, dass Gott das Licht verweigerte und sie damit bestrafte. Um Gott zu besänftigen, opferten sie Menschenleben und glaubten, ihre „Schuld" beglichen zu haben. Das ist das Stichwort: Schuld!

Um es auf den Punkt zu bringen: Wenn in Gott alles erwünscht ist und sein darf, all die seltsamen Kreaturen und bizarren Sechsbeiner, wenn für Gott all das, was ist, dazu gehört, warum verbieten *wir* die Existenz von diesen Dingen?

Weil wir unsere eigene Innenwelt in „gut" und „schlecht" teilen, in „schön" und „hässlich", in liebenswert und abstoßend. Wir können es einfach nicht ertragen, etwas in uns zu haben, was nicht erwünscht (worden) ist.

Genau an dieser Stelle berühren wir die größte aller Plagen.

Die größte aller Plagen

Wenn ein Kind mit einem kleinen Käfer spielt, aus Neugier seine Gliedmaßen herausreißt oder es sogar tötet, geschieht etwas im kleinen Menschen. Die Macht, über das Schicksal eines anderen Lebewesens entscheiden zu können, verändert die Chemie des jungen Gehirns, seine Einstellung zur Welt und zu sich selbst. Nicht selten ereignet sich an dieser Stelle das größte kosmische Wunder:

Das Kind spürt die Qual des Leidenden und empfindet natürliche Reue, sowie eine tiefe und machtvolle Einsicht über die Tragweite der eigenen Tat und über die Zerbrechlichkeit und Unschuld der Welt. Das Kind empfindet *Mitgefühl*, eine natürliche Verbindung zum Leben, voller Demut und Weisheit. Die Entwicklung dieser Einsicht kann unter Umständen Jahrzehnte dauern oder sogar niemals eintreten. Der Begriff „Entwicklung“ ist wahrscheinlich verkehrt. Richtiger wäre wohl „Erkenntnis“. Bewusstsein.

Wir alle tragen den göttlichen Funken in uns, der erkannt und erweckt werden möchte. Der Kern dieses Funkens ist Mitgefühl. Mitgefühl ereignet sich im Augenblick des Bewusstseins, der lebendigen und gütigen Einsicht über die allgegenwärtige Verbundenheit und über den, der dies erkennt.

Und nun die Kehrseite der Medaille: Wenn ein Kind mit einem Käfer spielt, aus Neugier seine Gliedmaßen herausreißt und dabei *erwischt* wird, kann etwas anderes eintreten: Wenn ein Erwachsener die befremdliche Tat des Kindes miterlebt, verspürt er den moralischen Drang das Kind zu richten, zurechtzuweisen und zu erziehen. Er tut es meist aus guten Absichten, er möchte im Kinde das Verständnis und Mitgefühl wecken. Doch durch die erzwungene Erkenntnis, durch das „Sieh, was du getan hast!" entsteht Schuld und nicht Mitgefühl. Diese schuldbeladene erzwungene Erkenntnis wurde in der Geschichte der Menschheit am meisten missbraucht.

Nichts lähmt, beeinflusst und dressiert uns mehr als Schuld: Die Schuld vor unseren Eltern, Freunden, der Gesellschaft, der Menschheit, der Erde, der Kirche und Gott. Durch die Schuld entstehen die meisten Bandscheibenvorfälle, Selbstmorde und Minderwertigkeitskomplexe.

Schuld kritisiert und urteilt, Mitgefühl vereint und erlaubt. Schuld ist Lernen. Mitgefühl ist Verstehen.

Ohne Schuld gäbe es wahrscheinlich keine Zivilisation, wie wir sie heute kennen, da Schuld einen Kodex aus Pflicht, Korrektheit und Ehre erzeugt, der nötig ist, um etwas Erdachtes *kontrolliert* zu erbauen: Eine Gemeinschaft, ein Gebäude, ein Unternehmen, eine Regierungsform oder eine Beziehung. Ob diese Tugenden wahrhaftig und echt sind, ist natürlich fraglich. Für den Bau einer Pyramide ist ein schuldbeladenes Pflichtgefühl ein starker Antrieb, für die innere Entwicklung jedoch geradezu ein Gefängnis. Schuld verlangt nach Bestrafung. Bestrafung ist Schmerz.

Es mag sein, dass in den ersten zehn oder zwanzig Jahren unserer Entwicklung die Schuld ein nötiges Übel ist, damit wir über unsere Taten und andere Menschen nachdenken, moralischer werden, uns der gesellschaftlichen Spielregeln bewusst werden. Doch diese Schuld ist einer ständigen Kontrolle unterworfen und dadurch hoffnungslos, da sie nicht der Natur des Menschen entspricht. Menschen laufen Amok, wenn sie diesen Druck nicht mehr ertragen können. Ist es nicht sonderbar, dass stets die um sich schießen, die von der Umwelt als „nett“, „unauffällig“ oder sogar „höflich“ bezeichnet werden?

Je größer das Schuldgefühl, desto größer das innere Gefängnis. Ganz besonders in der modernen Zeit finden Filme, in denen Menschen gefoltert werden, immer mehr Anhänger. Die Pornoindustrie feiert Erfolge mit der Misshandlung des „schwachen“, weiblichen Geschlechts. Computerspiele, die besonders brutal und realistisch den Tod darstellen, werden umjubelt. Schuld erregt. Ein Symbol für diese Erregung finden wir in billigen Horrorfilmen, wenn eine arme Seele im Angesichte des Fleischmessers „Bitte, tun Sie es nicht!“ flüstert, um an das Gewissen des Mörders zu appellieren. Doch genau dieser Ausruf erzeugt eine größere „Geilheit“ im Täter und besiegelt das Schicksal des Opfers.

Wir alle kennen das Sinnbild des Gewissens in Form von einem Teufel und einem Engel, die über unseren Schultern flattern und uns in schwierigen Situationen beraten. In Komödien oder Zeichentrickfilmen erkennen wir die schizophrene, gespaltene Natur dieser Unterhaltung: „Soll ich oder soll ich nicht? Was ist richtig? Was kommt für mich dabei raus?“ Gewissen ist ein Abwägen. Mitgefühl hingegen atmet Freiwilligkeit. Gewissen sagt: „Wenn ich dich verletze, bin ich ein schlechter Mensch!“

Mitgefühl sagt: „Wenn ich dich verletze, verletze ich mich selbst.“

Die Empfindung der Schuld und der Gedanke an etwas Schwarzes oder an die Dunkelheit sind sehr ähnlich. Wie sollte es auch anders sein? Wenn wir nicht viel sehen oder uns verlassen fühlen, was in der Gegenwart unserer dunklen Freundin der Fall ist, steigen in uns Erinnerungen hoch. Befürchtungen aus der Kindheit: Unsere Ängste verlassen oder abgewiesen zu werden, Verlust, Einsamkeit, Liebesentzug. Als Kinder geben wir uns selbst die Schuld für die Reaktionen unserer Eltern und tun alles, um ihre Strafe zu verhindern. Wir beginnen, uns selbst zu bestrafen, weil wir dadurch erhoffen, in den Augen unserer Eltern eine Wiedergutmachung zu erlangen. Auf diese Weise entstehen Peiniger in uns, mentale Monster, die uns immer und immer wieder sagen: „Schäm dich! Du bist nicht gut genug!"

Erst wenn wir bewusst Verantwortung für das aufregende „Ich bin, wie ich bin" übernehmen, erkennen wir, dass niemand uns unser Glück stehlen kann. Nur wir selbst. Natürlich ist mir bewusst, dass ein wohlwollendes „Sei du selbst!" nicht einfach umzusetzen ist. Wie behandeln wir das aufsteigende „Nein", das die Komfortzone auf keinen Fall verlassen möchte?

Wenn all die störenden Gefühle nicht nachlassen, gibt es andere Wege. Bereit?

Die Erforschung des Innenversums
Exkurs I: Energetische Psychologie

Als ich in einer eiskalten sowjetischen Winternacht im Jahre 1979 zur Welt kam und von einer Ärztin untersucht wurde, war sie ob meiner etwas übermäßigen Empfindlichkeit verwundert. Man erzählte mir später, die besagte Ärztin hätte mich mit einer Qualle verglichen, die bei jeder Berührung zusammenzuckte. So etwas hätte sie noch niemals erlebt.

Diese Überempfindlichkeit, die ungefähr 20 Prozent der Weltbevölkerung teilen, ist nur in professionellen Händen eine Gabe (und die habe ich immer noch nicht entwickelt). In den meisten Fällen entpuppt sie sich als eine geradezu unerträgliche Belastung, die mir persönlich in den ersten Jahren meines Lebens beinahe das Leben kostete: Auch meine Verdauung war sehr sensibel und stieß jegliche Nahrung ab. Ich wäre fast gestorben. Verhungert.

Ich zähle zu der so genannten HSP Gruppe, Highly Sensitive Person, also seit Geburt an besonders feinfühlig. Aber auch aggressiv und zerstörerisch (weil die überladenen Gefühle irgendwann einfach zum Kotzen sind). Vielleicht ist eben diese Feinfühligkeit der Grund für mein Interesse an der Dunkelheit, nicht nur wegen meiner Faszination für all die verbotenen Gefühle in uns, vielmehr wegen der Augenblicke, wenn ich der Welt aufgrund ihrer vielfältigen Geräusche, Ereignisse und Veränderungen entrinnen wollte und mich in einen Raum jeglicher Stille und Stabilität zurückzog, in meine geliebte Finsternis. Dort hörte die Welt auf und meine wilde Gefühlswelt konnte sich endlich entspannen.

Außerdem wuchs ich in etwas schwierigen Verhältnissen auf und empfand, wie du dir sicherlich denken kannst, jedes Leid doppelt und dreifach. Um den Schmerzen zu entkommen, wurde ich schon recht früh religiös und interessierte mich sehr für spirituelle Schriften und Erkenntnisse. Bei meiner Suche nach Erleichterung, habe ich, glaube ich, jede Form von Selbsthilfe angewendet, die es gibt, angefangen mit einfachen Gebeten und der Psychotherapie, bis hin zur Meditation, Buddhismus, Tantra, Manifestation, dem Enneagramm und natürlich dem berühmten Positiven Denken. Manche diese Methoden funktionierten, die anderen nicht, bis ich schließlich eine fand, die mir einem Geschenk Gottes gleichkam.

Diese Methode möchte ich dir nun mir größter Freude vorstellen.

Spürst du in diesem Moment irgendwo in dir Schuldgefühle? Wenn nicht, dann denke jetzt bitte an irgendein Ereignis aus deinem Leben, das mit Schuld verbunden ist. Atme tief ein und diesmal mit einem lauten Seufzer wieder aus. Noch ein Mal bitte. Und jetzt geht's los!

Nun bitte ich dich etwas zu tun, was sich vielleicht ein wenig sonderbar anhört: Schlage wiederholt mit der linken Handkante gegen die Innenfläche der rechten Hand (oder wenn es dir besser gefällt anders herum). Konzentriere dich dabei auf dein Schuldgefühl und sage laut: „Auch wenn ich diese Schuld spüre, liebe und akzeptiere ich mich voll und ganz. Auch wenn ich diese Schuld spüre, bin ich bereit mich zu ändern. Auch wenn ich diese Schuld spüre, bin ich bereit loszulassen."

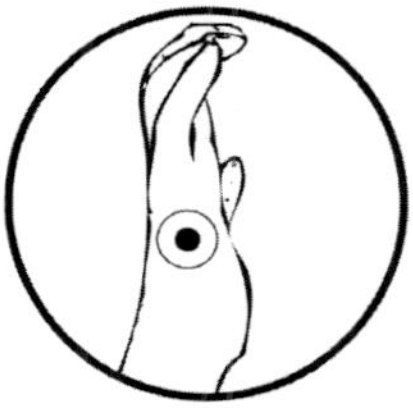

Verbleibe bitte bei dem unangenehmen Gefühl und halte es fest, wie einen Ball. Sei dabei so ehrlich wie du nur kannst. Während du das Gefühl spürst, beklopfe oder massiere mit zwei oder drei Fingern folgende Punkte:

1. Dein drittes Auge bzw. den Beginn der Augenbraue.
2. Das Ende der Augenbraue.
3. Unter dem Auge.
4. Unter der Nase.
5. Unter der Lippe.

Während du jeden Punkt fünf bis sieben Mal beklopfst, betitle bitte das Gefühl: „Diese Schuld!". Verwende dabei Adjektive, die das Problem so genau wie möglich beschreiben: „Diese schreckliche Schuld! Diese unerträgliche Schuld! Diese kotzgrüne Schuld!“

Nun folgen vier weitere Punkte:

1. Die Brust unterhalb des Schlüsselbeins.
2. Unter dem Arm, ungefähr 10 Zentimeter unterhalb der Achselhöhle.
3. Die Innenseite des Unterarms. An dieser Stelle bitte mit der ganzen Handfläche klopfen oder massieren.
4. Die Fontanelle, also die Kopfspitze.

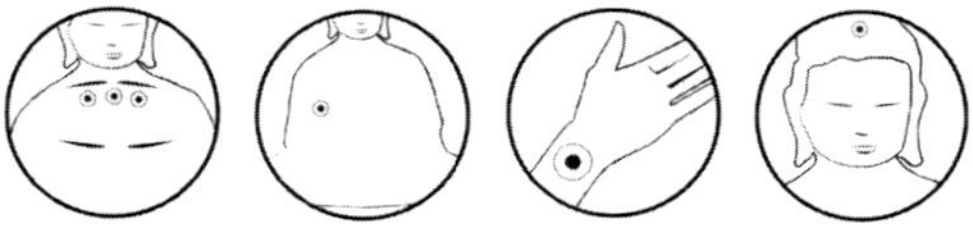

Klopfe, verbleibe weiterhin bei dem Problem, sage jedoch diesmal: „Ich lasse los, all meine Trauer, all meine Hoffnungslosigkeit, all die Ungerechtigkeit, all den Kummer, all den Stress. Ich lasse die Schuld los. Ich weiß zwar nicht wie, aber ich bin bereit, es zu versuchen. Es ist Ok, loszulassen.“

Am Ende der gesamten Prozedur tief Luft holen, mit einem Seufzer ausatmen und Folgendes sagen: „Ich bin in Sicherheit. Es ist mein Körper, es ist meine Seele. Und ich mag mich sowieso!“

Beobachte, was passiert. Hat sich das Gefühl verändert? Bestimme bitte die Stärke des Gefühls auf einer Skala von 0 (aufgelöst) bis 10 (sehr stark). Wenn das Gefühl immer noch da ist, wiederhole bitte den Prozess, sage jedoch diesmal „die verbleibende Schuld“ oder „die Schuld ist immer noch da, aber es ist Ok!“. Trink bitte dabei genügend Wasser.

Wahrscheinlich fragst du dich, was es mit diesem Geklopfe auf sich hat. Eine ganze Menge. Seit Albert Einstein wissen wir, dass alles, einschließlich unseres Körpers aus Energie besteht. In unserem Körper verlaufen ganze Meridiane aus Energie. Diese Meridiane stimulieren und sind gewissermaßen unser emotionales System. Das Klopfen oder Massieren stimuliert die Meridiane und *verändert* dadurch unsere Gefühle.

Das Ganze basiert auf der chinesischen Medizin und behandelt die wichtigsten Akupunkturpunkte. Anstatt Nadeln zu benutzen, wird einfach auf den entsprechenden Stellen geklopft oder massiert. Das Bewusstsein ist dabei von entscheidender Bedeutung, da es darum geht, auf die kleinen Veränderungen, die eintreten, zu achten. Hast du gemerkt, wie der innere Konflikt sich verändert hat und klarer geworden ist? Auf diese Weise vertieft man sich in dem Problem und erreicht irgendwann den Kern und den Auslöser der Störung, meist irgendein alter Glaubenssatz aus der Kindheit, wie „wenn ich glücklich bin, lasse ich meine Mutter im Stich".

Die Meridian-Stimulation, deren Wirkung wissenschaftlich untersucht und bewiesen wurde, hat eine neue Richtung in der Psychologie und Medizin gebildet: Energetische Psychologie. Sie wird ständig weiterentwickelt und stellt die Zukunft der Medizin dar, da sie die Selbstheilungskräfte des Menschen aktiviert. Die bekanntesten Formen der Meridian-Stimulation sind EFT, TAT, WHEE, MET (im deutschen Raum), BSFF und TFT.

Besonders gut funktionieren diese Methoden in einem dunklen Raum, da die Dunkelheit die Sinne schärft. Die Konzentration steigt, ebenso die Aufmerksamkeit und

Selbstwahrnehmung. Das bemerkenswerte an dieser Technik ist ja die erforderliche Ehrlichkeit zu sich selbst. Je ehrlicher man bleibt, umso besser funktioniert die Methode. Alles ist erlaubt: Schimpfen, weinen, urteilen, und so weiter. Man kann jedes Ereignis aus der Vergangenheit aufgreifen und die Emotionen für immer entschärfen.

Ich meine, ist es nicht toll, endlich das herauszulassen, was man *wirklich* spürt? Die Wahrheit auszusprechen?

Was ist deine Wahrheit? Wer bist du wirklich?

Wer sitzt im Kino?

Im neunzehnten Jahrhundert schrieb Frau Petrovna Blavatsky – russische Mystikerin und eine der ersten großen Persönlichkeiten der westlichen Spiritualität – Folgendes über unsere dunkle Freundin: „Licht ist Stoff, und Dunkelheit reiner Geist. Dunkelheit in ihrer innewohnenden, metaphysischen Grundlage ist subjektives und absolutes Licht, Licht in all seinem Glanz und der Pracht dagegen bloß eine Menge von Schatten, und da es niemals ewig sein kann, nur eine Illusion oder Maya.“

Es geht also wieder um Licht und Dunkelheit. In diesem Kapitel möchte ich viel weiter in die Vergangenheit reisen, um mit dir vielleicht DEN Urgrund für die Lichtverehrung zu besprechen. Du wirst dich wundern … Doch zunächst muss ich ein wenig ausholen:

Vor einiger Zeit widerfuhr mir ein recht ungewöhnlicher Traum: Ich erlebte, wie ich mich von einem verlassenen Raumgleiter loslöste und in die Tiefen des Weltraumes sprang. Ich entsinne mich dieses sonderbaren Gefühls der Schwebe, das anfangs sehr wohltuend war. Doch bereits nach einigen Augenblicken fühlte ich eine unerklärliche Befremdlichkeit dieser Reise. Eine eiskalte Einsamkeit überkam mich. Allein, unter all den unbekannten Sternen und Galaxien, schwebte ich durch den interstellaren Raum ins Unbekannte. Ich schien alles vertraute hinter mir gelassen zu haben und fühlte mich befreit. Doch gleichzeitig war ich verloren.

Erleben wir nicht die Dunkelheit auf eine ähnliche Weise? Totale Entfremdung? Einsamkeit? Warum eigentlich? Ein erfahrener buddhistischer Mönch würde in der Dunkelheit tiefen Frieden und vielleicht sogar Nirwana finden. Sehr viele Meister erlebten tatsächlich eine Transformation in dunklen Höhlen und Katakomben. Doch ein nüchterner Pizzabäcker oder Busfahrer würde sich niemals in einen dunklen Raum wagen – jedenfalls nicht ohne einen guten Grund, nicht ohne *Belohnung*.

Das ist das Stichwort: Belohnung. Irgendetwas zum Anfassen und Behalten. Genau an dieser Stelle klatschen zwei Welten aufeinander.

Wir sind komplexe und vielschichtige Wesen. Wir sind aber auch sehr *widersprüchliche* Wesen. Auf der spirituellen Ebene sind wir ewig und unabhängig, göttlich und ohne Bedürfnisse. Wenn wir aber unsere körperlichen und psychologischen Dimensionen betrachten, wird uns bewusst, dass wir von sehr vielen Dingen, die wir in der Außenwelt erleben, abhängig sind. Sowohl die evolutionäre als auch die erziehungstechnische Ebene prägen unsere Wahrnehmung von dem, was wir wollen und brauchen. Wenn wir nicht genug Anerkennung, Liebe, Vertrauen, Unterstützung und Bestätigung erhalten, leiden wir. Wenn wir nicht genug Berührung, Aufmerksamkeit und Sicherheit erfahren, gehen wir innerlich ein.

Auf der materiellen, also *sichtbaren* Ebene ist der Mensch in erster Linie ein soziales Wesen und braucht einen regelmäßigen Kontakt zu anderen Menschen – da ist also nicht viel Platz für Selbsterforschung, Dunkelheit und Einsamkeit. Babys, die nicht berührt werden, sterben. Häftlinge, die eine besonders lange Isolationshaft erfahren, haben einen veränderten Hormonhaushalt und leiden unter schweren Halluzinationen und Depressionen. Massive Einsamkeit schwächt das Immunsystem, erhöht den Blutdruck und das Risiko eines Herzinfarktes. Die wohl schlimmste aller unserer Ängste ist die der Einsamkeit.

Demzufolge ist die stärkste Angst vor der Dunkelheit im Erleben einer tiefen Einsamkeit begründet. Wenn es dunkel wird, fühlen wir uns verlassen, und das mögen wir nicht. Wohl jeder von uns kennt das Gefühl, wenn man abends allein auf dem Sofa sitzt und sich einen kuscheligen Gesellen wünscht. Gerade abends wird uns unsere Einsamkeit bewusst. Die Schwärze der Nacht wirkt in diesen Augenblicken geradezu erdrückend. Uns fehlen Gegenstände und Ereignisse, bekannte Gesichter, vertraute Umgebungen und Licht.

Aber es ist noch nicht alles: Unsere körperliche Dimension verlangt außerdem Nahrung, Sauerstoff, Wärme, Obdach und abermals Sicherheit. Auch diese Dinge finden wir zunächst in der Außenwelt. Aus diesem Grunde ist unsere nach außen gerichtete Aufmerksamkeit nicht verwunderlich.

Ohne den metaphysischen Aspekt des Bewusstseins sind wir „nur“ eine von vielen Lebensformen, auf der Suche nach etwas Essbarem, nach Wärme und nach einer sicheren Bleibe. Genau hier nähern wir uns dem angekündigten Urgrund für die Lichtverehrung: In unseren frühsten Entwicklungsphasen, als wir Jäger und Sammler waren, stellte ein besonderes „Ding“ die wichtigste und größte Errungenschaft überhaupt dar. Was war es?

Das Feuer natürlich. Sein Wesen erwärmte, gab Sicherheit und sorgte für eine schmackhafte Mahlzeitzubereitung. In dieser haarigen und wilden Zeit lebten wir besonders stark nach außen gerichtet, da wir um unser Überleben kämpften. Das Feuer erleichterte uns diesen Kampf. Und irgendwann wurden wir vom Feuer abhängig. Verstehst du, worauf ich hinaus will? Wenn wir glauben, von außen abhängig zu sein, so wird das, wovon wir abhängig sind, unweigerlich zu etwas Kostbaren, Mythischen und Heiligen. Am stärksten wird dieser Prozess in unserer Beziehung zum Feuer deutlich:

Da wir anfangs noch nicht in der Lage waren, das Feuer zu entfachen, mussten wir geduldig darauf warten, bis ein Blitz einschlug und dadurch einen Ast zum Brennen brachte. Auf diese wundersame, symbolische Weise konnten wir das „himmlische" Leuchten an uns nehmen. Aus Angst, es zu verlieren, ernannten wir jemanden aus unserer Gruppe zum Hüter des Feuers. Dieser beschützte es mit seinem Leben und wurde beim Versagen mit dem Tode bestraft. Wenn das Unglück jedoch nicht eintrat und der Hüter das Feuer aufrechterhalten konnte, so wuchs natürlich der Respekt ihm gegenüber und sein Ansehen an. Nach und nach schrieben wir ihm wunderliche Fähigkeiten und geheimes Wissen zu. So wurde der Hüter des Feuers zum Schamanen des Stammes und die erste Religion, der Schamanismus war geboren.

Erkennst du langsam die interessante Verbindung zwischen Licht, Feuer und Gott? Es wird noch besser:

Aufgrund der anfänglichen Schwierigkeit der Feuererzeugung und seiner sprunghaften Natur, entwickelte sich das Feuer immer mehr zu einem kostbaren Element. Es entstanden Heilige Stätten und Tempel, die das Feuer aufbewahrten und es gleichzeitig huldigten. Um sein rätselhaftes Wesen herum bildeten sich Kulte und

Zeremonien. Die Schamanen entwickelten sakrale Tänze und benutzten das Feuer als ein Portal für wegweisende Visionen. Die Kontrolle des Feuers veränderte schließlich unser Verhalten, unsere Ernährung, unser soziales Wesen und unsere Stellung.

Für den persischen religiösen Führer Zarathustra, der zwischen 1000 und 600 v. Chr. den Dualismus verkündete, war Feuer sogar die *Verkörperung* Gottes. Ist es nicht bemerkenswert?

Also, ist Gott Licht? Ist Gott Feuer? Was ist überhaupt Feuer?

Feuer ist eine Verbrennung von Gasen. Ein Element. Ein Ding. Eine *Form.* Doch da das Feuer anfänglich sprichwörtlich vom Himmel kam, liegt es nicht allzu fern anzunehmen, dass es mit anderen himmlischen Erscheinungen wie Kometen, Blitze, Sonne und Mond in Verbindung gebracht und zu einem übernatürlichen Heiligtum erklärt wurde. Hieran knüpft die griechische Sage des Prometheus an, der das Feuer auf die Erde brachte, um es den Menschen zu schenken.

Mit anderen Worten: Das Feuer war wichtig und entscheidend, ohne Frage. Es veränderte unsere körperliche Existenz, doch unsere *innere*, spirituelle Existenz, hat es nie berührt oder verwandelt. Wie sollte es auch anders sein? Das Feuer ist ein Ding und spielt lediglich in der materillen Welt eine Rolle. Wir haben zwar Finger, mit denen wir berühren möchten, eine Zunge, mit der wir schmecken möchten, doch wir haben auch etwas in uns, das unberührbar und unabhängig ist und über den Formen steht:

Das Bewusstsein.

Genau hier wird es, wie ich denke, für viele etwas zu unsachlich. „Was ist Bewusstsein? Alle reden davon, doch wie soll dieses Etwas mein Leben ändern?" Die materielle Welt ist greifbar und dadurch sicher, das Bewusstsein aber ist etwas, was wir erst in uns entdecken müssen. Und niemand weiß so richtig, was man tun soll, wo man suchen muss und was überhaupt danach geschehen wird. Es wird zwar sehr viel darüber geschrieben und geredet, Satsangs und Seminare, es werden eine Menge Methoden angeboten, doch am Ende ist diese Instanz nicht wirklich greifbar. So ist es eben mit dem Unsichtbaren. Es ist irgendwie unbeständig und dadurch unsicher. Daher sind Formen angenehmer, nicht wahr? Und sie *geben* uns etwas: Feuer ist warm. Licht ist klar. Bewusstsein? Oder Dunkelheit? Wer will sich schon mit der Dunkelheit befassen? Sie gibt nichts, und das mögen wir nicht, sie schweigt und das wollen wir nicht hören – ein Teil von uns mag es jedenfalls nicht.

Doch ein anderer Teil will mehr – mehr als das Sichtbare, mehr als das Vertraute. Ein Teil von uns sehnt sich nach dem Unbekannten und kann nicht aufhören Fragen zu stellen.

Und die Frage aller Fragen lautet wohl: Was ist nun dieses Bewusstsein? Oder anders ausgedrückt: *Wer bin ich?*

Nun, es gibt da ein Paar Merkwürdigkeiten, die niemand so richtig beantworten kann: Beim Betrachten unserer Welt gehen wir davon aus, unsere Augen zu verwenden. Doch wenn wir träumen, sind unsere Augen verschlossen, obwohl wir weiterhin Bilder und Ereignisse sehen. Wer ist der Zeuge? Wer sieht diese Bilder? Etwa die Augen? Wenn wir beispielsweise eine Vase betrachten, die Augen schließen und uns an diese Vase erinnern, sehen wir die Vase immer noch, obwohl das sehende Organ nicht aktiv ist. Aus dieser einfachen Beobachtung ergibt sich eine interessante Feststellung: Wir sehen nicht mit unseren Augen. Demnach muss es eine andere sehende Instanz geben. Ist es vielleicht das Gehirn?

Wenn wir sehen, träumen oder uns erinnern, ist das Gehirn tatsächlich aktiv. Wir erblicken Dinge, Orte, Geschehnisse, die unser Gehirn hervorbringt. Doch wer betrachtet diese Geschehnisse? Das Gehirn selbst? Kann das, was Informationen verarbeitet und wiedergibt, sich selbst betrachten? Kann ein Computer sich selbst betrachten? Oder ein Taschenrechner? Der Sachverhalt ist vergleichbar mit einem Kino: Wir haben einen Saal, eine Leinwand, einen Filmprojektor und einen Film. Doch wer sitzt im Kino mit der Popkorntüte?

Den Wissenschaftlern ist es tatsächlich nicht gelungen, den Beobachter in uns zu lokalisieren. Wer ist der Zeuge in uns? Wo ist er? Wer ist er? *Und wie sieht er aus?*

Ich möchte die letzte Frage mit einer Gegenfrage beantworten: Warum sind unsere Augen im sehenden Zentrum *schwarz*? Wenn du diese Frage beantwortest, bitte ich dich darum, auf der spirituellen, symbolischen Ebene zu bleiben, ok? Also, warum ist das Sehende schwarz? Was *ist* das Sehende?

Bewusstsein natürlich. Wie sieht also der innere Zeuge aus? Du kennst die Antwort. An dieser Stelle möchte ich erneut Frau Blavatsky zitieren: „Licht ist Stoff, und Dunkelheit reiner Geist. Dunkelheit in ihrer innewohnenden, metaphysischen Grundlage ist subjektives und absolutes Licht, Licht in all seinem Glanz und der Pracht dagegen bloß eine Menge von Schatten, und da es niemals ewig sein kann, nur eine Illusion oder Maya."

Wir sind komplexe und vielschichtige Wesen. Wir sind aber auch sehr widersprüchliche Wesen. Unsere körperliche Ebene ist Licht.

Doch unsere spirituelle Ebene ist Dunkelheit. Denn erst in der Dunkelheit oder durch die tiefe Schwärze eines besonderen Leides – durch eine Entfremdung – spüren wir uns selbst. Wir erkennen, dass wir mehr sind, mehr als Hunger, Wünsche und Bedürfnisse, mehr als Körper, Gedanken und Gefühle. Wir sind Strahlende Finsternis. Unsere Atmung ist Licht, unser Herzschlag ist Licht, unsere Gedanken sind Licht, doch unsere Präsenz ist ein dunkler Kern, der dieses Licht hervorbringt.

Unsere Macht liegt im Vergeben der Bedeutung. Als wir dem Feuer eine Bedeutung gaben, wurde es heilig. Als wir dem Licht eine Bedeutung gaben, wurde es göttlich. Ist Gott Licht? Ist Gott Feuer?

Natürlich nicht, wir haben diese Dinge nur zu Gott gemacht.

Vier Trillionen Leinwände

Ich könnte mir vorstellen, dass du recht verdutzt mich Folgendes fragst: „Ok, du sagst, wir haben Licht und Feuer zu Gott gemacht. Doch was ist mit der Dunkelheit? Machst du nicht gerade dasselbe? Machst du nicht Gott zu Dunkelheit?“

Du hast Recht, das tue ich in der Tat, mit einem kleinen Unterschied: Dunkelheit ist kein Ding, sie hat keine Form, kein Anfang, kein Ende. Wir haben keine Macht über sie, denn sie kann nicht erzeugt oder beherrscht werden. Dunkelheit ist pure Energie (wie du noch feststellen wirst). Das Entscheidende: Wir wissen nichts über sie. Dieses Buch, was du in den Händen hältst, ist nur ein kleiner Versuch, dieses Mysterium ein wenig zu lüften. Nach drei Jahren weiß ich immer noch nicht sehr viel über unsere dunkle Freundin. Doch das, was ich herausgefunden habe, ist wirklich Verblüffend und schon bald wirst du erfahren weshalb.

Aber zunächst möchte ich meine Untersuchung des Lichtes zu Ende bringen und sie in eine neue Richtung lenken. Gott ist nicht Licht. Das Licht hat eine andere Bedeutung. Und diese Bedeutung möchte in diesem Kapitel mit dir besprechen.

Wie gesagt: Licht ist eine Form. Zwar wird in den meisten spirituellen Schriften immer wieder darauf hingewiesen, dass Formen Illusionen und Täuschungen seien, doch in der Erforschung der Finsternis erschließen uns andere

Bedeutungen von Formen: Jede Form, ob Gefühl, Erinnerung oder Gegenstand, verbirgt in ihrem Kern eine Sehnsucht. Jedem Gefühl, das wir spüren, sei es Zuneigung, Angst oder Verwunderung geht eine verborgene Sehnsucht voran. Auch Dinge, die uns umgeben, Dinge, die wir erschaffen haben, seien es Bahngleise, Zeppeline oder ein kleiner Löffel, entspringen einer vorangegangenen Sehnsucht, die nach einem Ausdruck suchte und ihn schließlich fand. So erfanden wir beispielsweise die Sprache, da wir uns mit einander verständigen wollten. Wir gingen einer inneren Sehnsucht nach und entwickelten einen bestimmten Lautkodex.

Da jedwede Sehnsucht *in uns* beginnt, ist die Form der Ausdruck des Innenversums.

In diesem Sinne möchte ich dich an die anfängliche Frage erinnern: Kann Gott Licht sein, wenn Gott das Licht erschuf? Wir haben erkannt, dass Licht und Feuer Formen sind. Allerdings sind es ganz besondere Formen, da sie weitere Formen erschaffen, fast so als wären Licht und Feuer *Werkzeuge*. Einen Schritt weiter gedacht lautet also die Frage: Wenn Licht und Feuer Werkzeuge sind, wer ist dann der Handwerker?

Vorhang auf für ein Paar merkwürdige Zeilen:

Die Form ist der Ausdruck der Formlosigkeit. Das Geräusch ist der Ausdruck der Stille. Das Licht ist der Ausdruck der Finsternis.

Was diese vielleicht etwas befremdlichen Worte bedeuten, möchte ich mit dem folgenden Gleichnis beantworten: Stelle dir bitte einen Maler mit der völlig wahnsinnigen Ambition vor, die gesamte Komplexität und Tiefe seines eigenen Selbst malerisch auszudrücken. Wagemutig schnappt er nach einer Leinwand, nach einem Pinsel, nach seinen Lieblingsfarben und verliert sich in seiner Kreativität. Zuerst malt er all die verschiedenen Details seines Körpers wie Augen, Nase, Muttermale, Narben, usw. Dann widmet er sich seinen vielfältigen Gefühlen und seiner Seele. Schließlich malt er irgendwelche Situationen aus seinem Leben, beim Einkaufen, beim Fernsehen und letztendlich jede seiner einmaligen Fähigkeiten und Eigenschaften.

Zugegeben, der Maler würde eine Ewigkeit brauchen, um all das, was er in sich selbst entdeckt, darzustellen. Doch nehmen wir Mal an, dieses eine kreative Genie hätte das Unmögliche geschafft und auf vier Trillionen Leinwänden seine gesamte Komplexität festgehalten. Was für eine Art „Sammlung" wäre dies?

Die Gesamtheit aller möglichen Formen seines Selbst.

Sich Gott als die Gesamtheit aller möglichen Formen und Erscheinungen vorzustellen, ist wie du sicher weißt recht verbreitet: „Alles ist Eins" oder „Gott teilte sich in die Welt, die wir erleben". Zitat:

„Da sah Arjuna in der universalen Form des Herrn die grenzenlosen Erweiterungen des Universums, die sich alle an einem Ort befanden, obwohl sie in viele, viele Tausende aufgeteilt waren."

Bhagavad-Gita, Kapitel 4, 3 -37

Doch es gibt noch eine andere Betrachtung, die wesentlich tiefer geht. Möchtest du Sie erfahren? Dann lies weiter. Kehren wir zu unserem fleißigen Maler zurück: Müde, aber zufrieden erblickt er all die vielen Leinwände, die ihn und seine Eigenschaften darstellen. „Das bin ich", verlautet er voller Stolz „All das bin ich!" Die Frage ist: Ist es wahr? Ist der Maler die Gesamtheit aller Formen? Oder ist er derjenige, den diese Gesamtheit *repräsentiert*?

Mit anderen Worten: Besitzen die Gemälde die gleiche Tiefe und Komplexität wie der Maler?

Nicht wirklich. Man kann sicherlich den begabten Künstler und seine Handschrift auf den Gemälden erkennen, doch verbleiben der Künstler selbst und seine wahre Identität *jenseits* der Gemälde. Der Künstler hat zwar sich selbst gemalt, doch er ist *nicht* auf den Bildern. Die Gemälde sind nur sein Ausdruck. Sie sind die Boten seiner Sehnsucht.

Genau wie ein Künstler seine Inspiration durch Gemälde oder Skulpturen befreit, drückt sich Gott durch seine Schöpfungen aus, durch seine Werke aus Bergen, Tälern und Wäldern voller unersättlicher Lebendigkeit und Farbenpracht. Da Gott keine Form besitzt, benutzt er die Form, um gewissermaßen etwas zu tun.

Gott ist Dunkelheit, das, was Gott *tut*, ist Licht.

Denn die Sache ist die: Es gibt kein Licht ohne Dunkelheit. Doch es gibt Dunkelheit ohne Licht. Oder bist du immer noch der Ansicht, dass die Dunkelheit als ein Gegenspieler des Lichtes agiert? Wenn ja, dann setzt dich doch nachts auf den Balkon oder in den Garten und betrachte einfach den nächtlichen Himmel. Du wirst bemerken, dass dieses Schwarze um die Sterne herum permanent anwesend ist, während die Sterne und der Mond vergänglich sind. Ohne die Finsternis des Weltraumes würde es die Gestirne erst gar nicht geben.

Ist es nicht sonderbar? Was bedeutet all das? Die Dunkelheit ist sozusagen die Mutter, die *Quelle*, und das Licht ist ihr Kind. Denn leuchtet nicht das Licht stets *in* der Dunkelheit?

Dieser Vergleich mag auf den ersten Blick nach einer Dualität oder Trennung klingen, doch die beiden Welten sind nicht das Gegenteil von einander, sondern in einer geheimnisvollen Intimität miteinander verwoben: *In* einander, ähnlich den russischen Matroschka-Puppen. Lass mich das bitte anhand einiger Beispiele näher beschreiben: Ein Atom und ein Atomkern existieren für sich allein, und doch sind sie unzertrennlich, da sie sich in einander befinden. Dasselbe gilt für Traum und Träumer, Zelle und Körper, Mikrokosmos und Makrokosmos. Zwei Welten und doch eins, weil sich die eine in der anderen befindet. Wie gesagt: Die Mutter und das Kind.

Gibt es also so etwas wie eine Dualität?

Wenn wir die Dualität erforschen, so fällt uns unweigerlich eine Besonderheit ins Auge: Obwohl wir davon ausgehen, dass es Gegensätze gibt, erleben wie sie niemals zur gleichen Zeit. Auch wenn wir die Dualität symbolisch in Form eines Ying Yang dargestellt finden, erfahren wir niemals Ying und Yang im selben Moment, sondern entweder Ying oder Yang, entweder Kälte oder Wärme, entweder Glück oder Unglück. Oder warst du schon mal innerhalb eines Augenblickes glücklich *und* unglücklich? Es ist unmöglich.

Warum eigentlich diese Sonderbarkeit? Weil Ying und Yang im Grunde genommen dasselbe sind. Kälte und Wärme mögen uns gegensätzlich erscheinen, doch in ihrem Kern sind sie dasselbe, nämlich Temperatur. Auch Glück und Unglück mögen uns unterschiedlich erscheinen, doch in ihrem Kern sind sie auch dasselbe, nämlich ein elektrischer Impuls, ein Gefühl.

Diese Symbolik lässt uns erahnen, dass es keine Dualität gibt. Vielmehr erleben wir einen vielfältigen *Ausdruck* derselben Quelle. So ist beispielsweise Hass nicht das Gegenteil von Liebe, sondern ein etwas verfremdeter Ausdruck der Liebe. Schließlich hassen wir Dinge, die wir einst geliebt haben oder insgeheim immer noch lieben. Doch diese Liebe hat sich verformt und eine andere, feindliche Farbe angenommen. Dennoch ist es immer noch Liebe. Sadisten, die ihre Opfer quälen, vollziehen in ihrer psychologischen Verzerrung einen Liebesakt. Hass ist der Ausdruck einer verletzten Liebe. Angst ist der Ausdruck einer beschützenden Liebe. Und so weiter.

Ein anderes, etwas schwierigeres Beispiel: Mann und Frau. Obwohl die beiden Geschlechter doch recht verschieden aussehen, sind sie keineswegs als ein Gegenteil zu betrachten. Schließlich ist am Anfang seiner Entwicklung das Embryo *immer* weiblich. Erst später entwickelt sich das männliche Geschlecht und leitet eine Veränderung ein. In seinem Kern, in seiner Wurzel ist der Mann weiblich. Warum sonst haben Männer Brustwarzen, die in Notfällen sogar Milch produzieren können? Dennoch ist der Mann ein Mann. Seine Männlichkeit ist einzigartig, ebenso wie Licht etwas Einzigartiges in einem dunklen Universum ist.

Es gibt also keine Gegensätze, sondern verschiedene Ausdrücke einer gleichen Quelle. Die Welt ist ein Ausdruck

Gottes. Ein Lächeln ist ein Ausdruck der Freude. Und ein Kuss ist ein Ausdruck der Liebe.

Natürlich wissen wir alle, dass ein Kuss Liebe symbolisiert. Ein entsprechender Spezialist wüsste auch welche Muskeln das Küssen erzeugen. Doch was ist eigentlich Liebe? Wo genau befindet sie sich? Wir wissen es nicht, wir kennen nur ihre unzähligen Ausdrücke, wie Herzrasen, schlaflose Nächte, Sehnsüchte, Poesie, Verlangen. In allen spirituellen Traditionen gilt Liebe als die Schöpferin der Welt. Alles, was da ist, sehnt sich nach Liebe und handelt entweder aus Liebe oder um Liebe zu erhalten. Eben deswegen gilt:

Alles, was da ist, ist erwünscht. Alles, was ist, ist Liebe.

Wenn Licht und Feuer Werkzeuge sind, wer ist dann der Handwerker? Liebe. Denn Liebe ist eine tiefe Weisheit, die durch Worte und Gedanken, Situationen und Veränderungen versucht, sich einen Ausdruck zu verschaffen, doch am Ende bleibt sie unaussprechlich und unsichtbar, hinter den möglichen Formen verborgen.

Dunkel.

Mit Kinderaugen

Eines Tages stieß der Maulwurf Kito bei seinem täglichen Herumwuseln in der Erde auf das Möhrenfeld des Hasen Siwai. Erschrocken schreckte Siwai, der gerade sein Feld bestellte, auf: „Pass doch auf, du blindes Huhn! Bringst hier alles durcheinander!"

Kito schreckte ebenfalls auf: „Huch! Bin wohl falsch abgebogen! Tut mir Leid!"

Etwas herablassend entgegnete Siwai: „Kein Wunder! Du mit deinen winzigen Augen …" Er sah in die dunkle Öffnung, aus der der Maulwurf seinen Kopf herausstreckte und schüttelte sich am ganzen Leib: „Tagein, tagaus diese unheimliche Dunkelheit … Ein Jammer, dass euch Maulwürfen all das entgeht, was wir Hasen sehen können!"

Daraufhin tauchte Kito ab und rief zum Abschied: „Mag sein. Dafür entgeht euch Hasen all das, was wir Maulwürfe sehen können!"

Wir haben genug über Licht gesprochen. Mit diesem Märchen möchte ich nun die Richtung ändern und endlich auf unsere geheimnisvolle Freundin eingehen.

Wenn du für einen Moment innehältst und die Dunkelheit mit den Augen eines Kindes betrachtest, wird dir etwas bewusst: Die Finsternis symbolisiert ein aufregendes Abenteuer, ein wildes „Ach, sei's drum, ich tue es!", ein neugieriges „Und was passiert jetzt?“. Alles, was wir noch entdecken, erfahren, berühren möchten, ist dunkel und unsichtbar. Ganz gleich, wie viel wir in Erfahrung bringen, wir wollen mehr, wir wollen das letzte Geheimnis der Welt lüften.

Für die Beduinen ist die schwarze Wüste Sahara Asauda mit ihrem eisenhaltigen dunklen Gestein seit jeher ein Ort magischer Erscheinungen und Geheimnisse. Für die frühen Seefahrer war das Schwarze Meer mit seinem dunklen Wasser ein Reich voller Wassernixen, Ungeheuer und verborgener Schätze. Auch die weißen Siedler vermuteten im Herzen des dunkelhäutigen Afrikas einen verborgenen Schatz. Und für die alten Ägypter war das dunkle Orakel von Siwa eine Heiligenstätte des Höchsten Gottes Amun.

Irgendetwas in uns ist immer auf der Suche. Jede Suche beginnt und endet in der Dunkelheit. Diese Suche macht uns zu Kindern, die von Neugier angetrieben die Welt erforschen und letztendlich bei uns selbst landen.

Apropos Kinder: In ihren frühen Entwicklungsstadien nehmen Kinder die Welt mit den Augen ihrer Eltern wahr. Aufgrund ihrer zutiefst empfindlichen Wahrnehmung spüren sie den Unterschied zwischen dem, was die Eltern vorgeben zu sein und dem, was sie *wirklich* sind. Dies ist vermutlich einer der Gründe für die Angst vor der Dunkelheit: Die Angst der Eltern, die die Kinder unbewusst in sich aufnehmen. Da sich diese Angst erst im Kindergartenalter besonders bemerkbar macht, würde es sich lohnen zu fragen, ob die Angst vor der Finsternis wirklich angeboren ist oder hinzukommt.

Sicherlich kann man die Furcht vor der Dunkelheit nicht gänzlich austreiben, da diese Angst mit Wachstumsängsten und mit dem Verlust des Haltes verbunden ist. Schließlich „verschwindet" die Welt sozusagen, wenn es dunkel wird und mit ihr auch die Sicherheit. Im magischen Denken der Kindergartenkinder ist diese „dunkle Abwesenheit" nicht selten von Monster und Geistern bewohnt, die die Vernichtungsangst des Kindes symbolisieren.

Dennoch, trotz ihrer Angst, empfinden Kinder eine unerklärliche Faszination für finstere Keller, unheimliche Dachböden und eigene Zimmer nachts. Sie lieben Gespenstergeschichten, fürchten sie zugleich und *lieben* diese Furcht.

Ich weiß noch, wie ich damals in meiner Heimat Moldawien, am Anfang der Perestroika, mit zehn oder elf Jahren die aufgemotzten Rocktitanen Alice Cooper und Kiss in ihren Musikvideos vergötterte, weniger wegen der Musik, sondern vielmehr wegen dem gruseligen Makeup und der unheimlichen, verheißungsvollen Stimmung. Was ist das für eine seltsame Verheißung? Warum lieben wir als Kinder Gruselgeschichten über Geister und verlassene Schlösser? Warum verstecken wir uns als Kinder in der Nacht unter der Decke als würden wir mit der Dunkelheit spielen? Zu was fühlen wir uns da hingezogen?

Zu einem Abenteuer.

Möchtest du wissen, was Dunkelheit ist? Möchtest du erfahren, warum diese schwarze Leere keineswegs leer ist, sondern mit Kräften erfüllt, die imstande sind, Welten zu erschaffen und das Universum zusammenzuhalten?

Stell dir bitte vor, wie du wieder in einem grenzenlosen Raum vor dich hin schwebst und ein wenig meditierst. Dabei konzentrierst du dich auf dein vollkommenes und gediegenes Buddha Dasein, voller Stille und Frieden. Nach einer Weile bemerkst du eine Veränderung um dich herum und erwachst aus deiner tiefen Entspannung, um einem seltsamen Schauspiel beizuwohnen:

Du stellst fest, dass ein gigantisches spinnennetzartiges und dreidimensionales Gebilde vor dir in Erscheinung tritt, dessen Fäden in jeden Winkel des Universums hineinreichen. Du bemerkst, dass dieses Netz sehr eigenartig aussieht und mit nichts zu vergleichen ist, was du kennst. Was ist das für ein Zeug?

Die besten Teleskope der Welt sind dieser verwunschenen Struktur auf der Spur. Was du siehst, nennen die Wissenschaftler Dunkle Materie. Die Natur dieser Merkwürdigkeit bleibt rätselhaft und ähnelt auf keiner Weise dem, was die Wissenschaft kennt. Die kreativsten Köpfe vermuten jedoch, dass diese Substanz das Licht des Universums entscheidend beeinflusst: Die Dunkle Materie ist das Gerüst des Universums und sorgt dafür, dass die leuchtende Materie sich verdichtet und schließlich Sterne und Galaxien bildet. Die Dunkle Materie besteht nicht aus

Atomen, besitzt dennoch eine Masse und ist *überall* in unserer Umgebung vorhanden. Das nobelpreisschwangere Thema bringt aufgeregte Wissenschaft just in diesem Moment ins Grübeln und Rätseln, sie veranstalten aufwendige Test in den Tiefen der Erde und schmieden ausgeklügelte Strategien.

Ist es nicht faszinierend? Mit aufgeregter Faszination erkennst du, dass dieses dunkle Spinnennetz uns alle zusammenhält und miteinander verbindet. Ganz gleich wohin wir gehen, es wird da sein, unter jedem Stein, unter jedem Grashalm. Du betrachtest dieses gewaltige Gebilde und spürst, wie du mit jedem Winkel des Universums in Verbindung stehst.

Als das Netz langsam entschwindet, verspürst du eine Regung in den Tiefen des Raumes, eine Präsenz, die du aus nächtlichen Augenblicken kennst, wenn du das Gefühl hast, beobachtet zu werden. Du starrst in die Schwärze. Doch du kannst nichts erkennen. Dennoch spürst du diesen außerweltlichen Blick, als würde das gesamte Universum dich beäugen. Obwohl du von erleuchteter und geruhsamer Natur bist, bekommst du ein wenig Gänsehaut und schließt für einen Moment die Augen. Deine Atmung gerät ein wenig aus der Fassung, dein Herz schlägt nun schneller.

Verwundert und ein wenig irritiert erkennst du, dass dein Herzschlag bis zu den tiefsten Winkeln des Raumes reicht und diesen zum Erbeben bringt, so als würde die Leere des Raumes auf deinen Herzschlag reagieren. Im selben Moment verspürst du eine Kraft, die dein Herz mit weichen, sanften Fingern umfasst und nicht mehr loslässt. Genau diese Kraft wollen wir nun näher betrachten.

Allerdings beginnt diese Untersuchung mit dem wohl fiebrigsten Kapitel der menschlichen Geschichte: Dem Zweiten Weltkrieg. Die Nationalsozialisten Adolf Hitler und Heinrich Himmler benutzten nämlich für ihre menschenverachtende Ideologie alte keltische Symbole. Eines dieser Symbole war die so genannte „Schwarze Sonne", deren Wurzeln bis zu den Mythen über Atlantis und Hyperborea hinreichen. Nach dem Verständnis der Nationalsozialisten stellten die Bewohner dieser versunkenen Reiche die Vorfahren der Germanen dar.

Es bleibt natürlich ungeklärt, ob es sich um einen Fehler oder einfach nur um Ignoranz handelte, denn die Ursprünge der „Schwarzen Sonne" hatten seltsamerweise genau dort ihre Wurzeln, wo die Faschisten ihre Feinde sahen: Im dunkelhäutigen Orient. Denn bereits Karthager, Phönizier, Assyrer und Babylonier kannten dieses dunkle kreuzförmige Zeichen und benutzten es in ihren Tempeln.

Was hat es mit diesem Zeichen auf sich? Es beschreibt die innere Welt Gottes: Eine geheimnisvolle Dunkelheit. Eine verborgene Kraft, daher die Schwarze Sonne, also gewissermaßen das *innere Licht* Gottes.

Diese Kraft ist keineswegs eine Metapher, sondern das, woraus die Welt und alles darin zum größten Teil bestehen: Leere. Allerdings keine wirkliche Leere, sondern eine geradezu überfließende, schöpferische Leere. Ok, wie kann etwas Leeres voll sein?

Bereits im alten Griechenland befasste man sich mit der Frage, ob es eine völlige Abwesenheit der Luft geben kann, ein so genanntes Vakuum. Der Magdeburgscher Bürgermeister Otto von Guericke war besonders von diesem Vakuum angetan. Mit Hilfe seiner Studien erschuf er die erste Entlüftungspumpe und gelobte einst: „Das Nichts ist köstlicher als Gold, bar jeden Werdens und Vergehens, es ist erquickender als die Gnade des Lichts, edler als der Könige Blut, dem Himmel gleich, höher als die Sterne, gewaltig wie des Blitzes Strahl."

Das Prinzip des Vakuums rief unzählige Erfindungen ins Leben wie Glühbirnen, Isolierungen oder Mikroelektronik. Bei seiner Untersuchung sind die Wissenschaftler außerdem auf etwas Unglaubliches gestoßen: Die Vakuumsenergie zwischen diesen ( ) beiden Klammern ist größer als die Energie aller Kraftwerke der Erde zusammen.

Alles, was wir sehen oder nicht sehen, wird von dieser Macht durchdrungen und aufrechterhalten.

Mit anderen Worten: Die scheinbare Leere des Raumes, also die Dunkelheit, die Planeten und Galaxien umringt, ist voller Kraft, die jede gegenwärtige menschliche Technologie in den Schatten stellt. Diese Kraft ist ein Potenzial, das bereits indischen Brahmanen bekannt war: Jede materielle Erscheinung befand sich ihren Vorstellungen nach zuvor in *Akasha*, in einem Raum, in dem bereits alle Möglichkeiten vorhanden sind.

Unsere Welt, so wie sie in diesem Augenblick ist, ist eine dieser Möglichkeiten und damit ein Ausdruck der Quelle (Zwinker, Zwinker!). Zitat:

„Zu Anfang war diese Welt allein Atman; es war nichts anderes da, die Augen aufzuschlagen. Er erwog: ‚Ich will Welten schaffen!' Da schuf er diese Welten: Die Flut, die Lichträume, das Tote, die Wasser."

Aitareya-Upanishad, Erster Khanda, 1-2

Du merkst sicherlich, dass wir uns der anfänglichen Frage nähern: Was war vor „Es werde Licht!"? Ein Raum. Ein dunkler und allmächtiger Raum, in dem sich das Leben entfaltet, verändert und wieder verschwindet.

Die Mythen aus aller Welt, von den Hopi-Indianern und Germanen bis hin zu Ägyptern und Persern benennen diesen rätselhaften und mächtigen Ursprung als Io, Ta'aroa, Nun, Tokpela, Zurvan, Tiamat, Hanhepi oder Ginnungagap. Der griechische Gelehrte Demokrit ging als einer der ersten davon aus, dass die Welt aus unsichtbaren und unzerstörbaren Teilchen besteht, die sich im endlosen leeren Raum bewegen. Und für den Tantra Mönch Tilopa war dieser Raum das Bewusstsein selbst, das alle Dinge umfasst und zusammenhält.

Ganz unverhofft erkennst du, dass du dich in eben diesem Raum befindest. So wie die wahrscheinlich einflussreichsten spirituellen Meister Bodhidharma und Ramana Maharshi oder die ersten Gnostiker, die ihre Zeit in Höhlen oder Katakomben verbrachten, um das Leben *hinter* dem Leben zu erfahren, erfährst auch du nun den heiligen Hintergrund aller Dinge. Ein dunkler Raum erfüllt mit Kraft und Bewusstsein. Diese Kraft lässt dein Herz schlagen, bewegt deine Brust, wenn du atmest, erzeugt deine Gedanken, lässt deine Zellen wachsen und trägt dich. Du spürst die sanften unsichtbaren Finger, die dein Herz umfassen und fragst dich:

Warum schlägt mein Herz? Wer lässt es schlagen? Wer hält mich am Leben?

Plötzlich geschieht abermals irgendetwas in der Finsternis. Du hörst einen ohrenbetäubenden Knall. Mit einem titanischen Atemstoß zerschellt ein strahlender Feuerball in eine Million Funken, und sogleich siehst du Welten entstehen, Planeten und Zivilisationen. Du siehst Leben aufgehen. Du erblickst Formen bei ihrer Geburt, begleitest sie bei ihren Veränderungen und verabschiedest dich von ihnen in der Stunde ihres Todes. Die Vielfalt der Möglichkeiten explodiert in alle Richtungen und zieht sich im nächsten Augenblick wieder zusammen.

Alles, was bleibt, ist ein dunkler Raum. Und du. Stille.

Während du in dieser Stille versinkst, vergisst du für einen Moment, wer du als Person bist. Du verlierst den Bezug zu dem, was war und zu dem, was sein wird und öffnest dich dem Unbekannten. Da erkennst du eine Botschaft, die tief in deinem Herzen und tief in den Weiten des Raumes auf dich wartet: Sehnsucht. Die Sehnsucht des Universums nach dir. Und dann fragst du dich:

Wer bin ich wirklich?

Rosenblüten und Drachen

Wer bin ich wirklich … die Frage aller Fragen.

Zwar schreibe ich eine Menge über dieses Thema, doch ich weiß nicht, wer ich bin. Das macht mir Angst. Ich habe so einiges an, sagen wir, erleuchtenden Augenblicken (oder wie es im Zen heißt *Satori*), erfahren, doch am Ende sitze ich hier, schreibe dieses Buch und kann immer noch nicht aufhören zu fragen: Wer bin ich wirklich?

Manchmal wache ich mitten in der Nacht auf und realisiere, dass ich wirklich am Leben bin – dass ich *da* bin. Und diese Erkenntnis hat einen seltsamen Beigeschmack. Irgendwie befremdlich. Dann schießen mir Fragen durch den Kopf: Gibt es wirklich einen Gott? Wer werde ich sein, wenn all das um mich herum zu Ende ist? Was passiert, wenn ich sterbe? Geht es weiter? Meist wird mir schwindelig, wenn ich mich zu weit vorwage. Ziemlich merkwürdig das Ganze.

Neulich verweilte ich spät abends am Waldspielplatz in der Nähe unserer Wohnung. Von mächtigen Bäumen umsäumt, lag der Platz völlig verlassen und irgendwie verwunschen da. Es war ungewöhnlich still und daher recht gespenstisch. Zumal verbarg sich der Mond hinter einer dünnen, unruhigen Wolkenschicht und offenbarte sich nur ungern. In Gedanken versunken saß ich auf einer Schaukel.

Als plötzlich der Wind aufkam, erstarrte ich. Dabei konnte ich meinen Blick vom Wald nicht abwenden. Sein Inneres war finster und schien mit fremdem, unsichtbarem Leben erfüllt zu sein. Ganz unverhofft hatte ich das Gefühl, in irgendetwas verwickelt zu werden, als würde eine geheimnisvolle Seite der Natur erwachen. Im selben Moment befreite sich der Mond aus den Fängen der Wolken. Das weiche, liebreizende Licht schimmerte nun zwischen den schweren Ästen der Eichen, Tannen und Kiefern hindurch und gab mir ein wenig Mut.

Ich betrachtete den Himmel, der sich zunehmend lichtete und den bodenlosen Raum des Universums entkleidete. Das verwunschene Blumenfeld aus kleinen glühenden Pünktchen wirkte anders als sonst. Ich entsann mich meines Traumes vom Raumgleiter und Fliegen und fragte mich zum ersten Mal, wie es wohl wäre in den Tiefen des Alls zu reisen, abseits von all dem, was ich kannte, dort, wo die titanischen Kräfte wirken, um fremde, für meinen Verstand verstörende Welten zu erschaffen.

Plötzlich fühlte ich mich der ewigen Macht des Kosmos ausgeliefert und erkannte darin ein Geschenk: Ich bin ein Teil dieser Macht, einer Macht, die Schwarze Löcher und Sternenstaub kreiert, gefährliche Gase und sanfte Regentropfen, tote Planeten und zarte Rosenblüten.

Das Stichwort lautet dabei: Macht. Dunkelheit ist Macht.

Es ist diese Macht, die wir in der Dunkelheit der Nacht spüren und fürchten. Ein irgendwie fremdes Bewusstsein, das nicht von dieser Welt zu sein scheint. Daher vermuten wir in dunklen Kellern oder in gewissen nächtlichen Augenblicken eine Gefahr in Form einer fremden Gestalt. Die Furcht vor dieser Gestalt ist eine ganz besondere Furcht. Wenn du dich auf diese Angst einlässt, wirst du erkennen, dass wir uns nicht vor der Gestalt selbst fürchten, sondern davor, mit ihr *nicht umgehen* zu können.

Wir fürchten uns vor der eigenen Ohnmacht.

Doch wer ist die furchtbare Gestalt im Dunkeln? Natürlich laufen nachts einige recht gruselig anmutende Figuren durch die Gegend. Wir haben auch so einiges im Fernsehen gesehen oder anderweitig gelesen, was einem so geschehen könnte . Da gehen wir also nachts spazieren, hören plötzlich ein Knacksen und malen uns augenblicklich ein furchtbares Szenario aus. Dieses Szenario ist an sich durchaus angebracht, denn es stellt eine Vorsichtsmaßnahme dar:

Bereits vor Tausenden von Jahren reisten wir mit größter Vorsicht durch die Nacht, da wir uns vor wilden Tieren in Acht nehmen mussten. Zwar habe ich im vorherigen Kapitel die angeborene Angst vor der Dunkelheit angezweifelt (und ich vertrete weiterhin diese Meinung), doch es lässt sich nicht ausschließen, dass wenigstens ein Teil dieser Angst in unseren Zellen gespeichert ist. Eben diese uralte Angst hat einen interessanten Beigeschmack.

Wenn du nachts spazieren gehst und etwas Ungewöhnliches in deiner Nähe hörst, empfindest du nicht dabei einen seltsamen Reiz? Was denkst du dabei? Die Angst vor der Dunkelheit erregt. Dabei sind wir an etwas Verborgenem in uns interessiert. Wir wollen uns etwas beweisen. Wir wollen uns selbst *herausfordern*. Wer ist also die Gestalt im Dunkeln?

Wir selbst, denn ganz besonders in Augenblicken der Not, suchen wir nach uns selbst. Wir wollen uns selbst *erwecken*. Dabei greifen wir auf das wilde Leben in uns zurück, auf unsere ungezähmte Naturkraft, auf die wilde Frau, auf den wilden Mann. In vielen Märchen haust in der Tiefe des Brunnens oder des Sees ein unansehnliches Wesen, das in Wahrheit ein König oder eine Königin ist, die befreit werden möchten.

In alten Mythen ist das finstere Selbst ein Ungetüm, das aus dem dunklen Wasser steigt, um eine Stadt oder eine Siedlung zu vernichten. Was wird dabei vernichtet? Unsere festgefahrenen Strukturen und Muster. Und wer mag das schon? Deshalb fürchten wir dieses dunkle Biest am meisten. Doch warum wütet dieses Biest so heftig? Damit wir erkennen, dass wir mehr sind als wir denken und mehr als uns gesagt wurde.

In der Gestalt des dunklen Biestes begegnen wir außerdem der eigenen Größe und Macht. Und das macht uns Angst. Es ist die Erkenntnis über uns selbst, in der wir realisieren, dass wir eher diesem namenlosen Biest gleichen als einem rosafarbenen Homo Sapiens mit einer Kaufmannausbildung und einem gepflegten Vorgarten.

Die Rebellion des Biestes zwingt uns dazu, die Komfortzone zu verlassen und uns zu verändern. Dieses dunkle Selbst lässt sich nicht bekämpfen, da es jeden Kampf gewinnt. Es kann lediglich betrachtet werden. Diesen Prozess erleben wir besonders intensiv in Alpträumen, wenn wir verfolgt werden und uns irgendwann dazu entscheiden, stehen zu bleiben und uns umzudrehen. Plötzlich hört die Verfolgung auf. Der Spuk verliert seine Schrecklichkeit und offenbart tiefen Frieden.

Die Begegnung mit dem dunklen Wilden ist die entscheidende im Leben eines jeden Menschen:

„Wer das Schwarze ablehnt, der verfällt ihm und kann es nur leidend, also in seinen minderwertigen Formen, erleben. … Ich habe in meinem Leben erfahren, dass man dem Schwarzen ins Gesicht blicken muss. Man muss es als solches akzeptieren, wenn es auch noch sehr Angst macht. Denn ohne diese Leiderfahrung werden wir nicht erwachsen. Wer vor dem Schwarzen seine Augen verschließt, der vernebelt auch das Licht."

Klausbernd Vollmar,
„Das Geheimnis der Farbe Schwarz"

Mit anderen Worten: Wir alle haben einen Drachen in uns, der in einer dunklen Höhle einen Schatz beschützt. Den Drachen zu besänftigen, zum Freund zu machen und anschließend zu reiten, symbolisiert die wahre Erleuchtung – keine Blümchenerleuchtung mit Schmetterlingen und Kerzenschein, sondern eine bodenlos tiefe, unbeschreiblich schreckliche, widerwärtig schöne Realisation des Selbst. Ein authentisches „Ich bin, was ich bin."

Oder vielleicht einfach nur „Ich bin".

Wer bin ich also? Ich weiß es immer noch nicht so richtig. Doch es gibt eine Tageszeit, die uns diese Frage beantworten möchte.

Novalis' Geheimnis

„Die Nachtigallen schlagen, der Garten rauschet sacht, Es will dir Wunder sagen, die wunderbare Nacht."

Joseph Freiherr von Eichendorff

Für mich ist der schönste Aspekt der Dunkelheit die Nacht. Ich liebe die Nacht. Ich liebe ihre Stille und ihren Frieden. Wenn ich nachts spazieren gehe, fühle ich mich ganz anders als am Tage. Ich fühle mich leichter und gelöster. Die Welt schlummert, und ich habe das Gefühl, nur mit mir selbst unterwegs zu sein. Da ist nichts, keine Maschinen, kein Lärm, keine Termine, kein Druck, der verdammte Alltag mit seiner langweiligen und anstrengenden Routine ist abgestellt. Und mein Herz kann träumen. Ich gehe durch die einsamen dunklen Straßen … überall dieses endlose Schweigen …

Die Nacht.

In fast allen Geschichten, Mythen und Märchen, die je verfasst wurden, von der Bibel, bis zu modernen Erzählungen, geschieht nachts etwas Entscheidendes, eine Veränderung, eine Wende. So wie die Juden nachts aus ihrer ägyptischen Sklaverei befreit wurden und am Berg Sinai ebenfalls in einer Nacht die Thora erhielten, so wird auch in der indischen Mythologie das Wunder der kosmischen Liebe zwischen Shiva und seiner irdischen Gemahlin Parvati zelebriert, wenn sie in ihrer Hochzeitsnacht mit einander verschmelzen.

Der italienische Künstler Michelangelo bezeichnete die Nacht als die Zeit des Friedens, die „das schwere Denken absägt“. Friedrich Nietzsche schrieb in seinem Werk „Also sprach Zarathustra“: „Nacht ist es: nun erst erwachen alle Lieder der Liebenden.“ Für die Romantiker des 18. Jahrhunderts, wie Brentano, Eichendorff oder Schelling war die Nacht die Mutter aller Wesen. Ihre Ursprünglichkeit lag jenseits von Gut und Böse, sondern in Beiden zugleich. Für sie *wusste* die Nacht etwas.

Besonders Novalis ging davon aus, dass die Lebendigkeit und die Kreativität des Tages dem Nachtleben entspringen. Für unsere dunkle Freundin verfasste er seine berühmten „Hymnen an die Nacht“. Sein poetisches Herz sprach in der Nacht mit dem Göttlichen. Doch er war nicht der erste, der die erlösende Wirkung der Nacht kannte.

Die wichtigsten spirituellen und religiösen Ereignisse geschahen tatsächlich in der Dunkelheit der Nacht. Allein das wahrscheinlich bekannteste Lied der Welt, „Stille Nacht, Heilige Nacht“ bringt es auf den Punkt: In der Stille der Nacht geschieht etwas Heiliges.

Jesus Christus wurde in einer Nacht geboren und in einer Osternacht von den Toten auferweckt. Ähnliches erlebte Siddharta Gautama, besser bekannt als Buddha, der in einer Vollmondnacht geboren und in einer Vollmondnacht unter einer Pappelfeige erleuchtet wurde. Auch der islamische Prophet Hadrat Muhammad Ibn Abdullah erhielt in einer Nacht vom Engel Gabriel die Heiligen Schriften des Korans und damit die Erleuchtung.

Der Heilige Christophorus und der Heilige Martin, Bernhard von Clairvaux und der Franz von Assisi, die Propheten

Daniel, Nathan und Sacharja, sie alle erfuhren nachts eine transformierende Wahrheit. Lord Mahavira, Seung Sang, Mikao Usui, Marpa Losaw, Osho und Eckhart Tolle betraten nachts das Nirvana.

Die Nacht ist ein Ort der Empfängnis.

Lass uns gemeinsam das Wunder der Nacht erspüren und berühren. Kehre bitte in deinen dunklen Raum zurück. Schließe für einen Moment die Augen, atme tief durch und spüre die Stille. Gleich geht es los …

Achtung, nicht erschrecken – plötzlich macht es wieder „Blob!". Überrascht öffnest du die Augen und erblickst unsere Erde. Bläulich schimmernd und unendlich vertraut, thront sie in der Mitte des schwarzen Raumes. Du spürst die Kraft, die von diesem wundersamen Planeten ausgeht und eine gewisse Schwingung, die dich in deinem Innersten berührt und liebkost.

Alsbald verspürst du eine sanfte Anziehung, und du bemerkst, dass die schöne Erde dich ruft. Genüsslich schließt du die Augen und lässt dich fallen. Du gleitest durch den Raum, passierst feurige Lüfte und Wolken, bis du die rauen, feuchten Eigenweiden der Erde auf deiner Haut fühlst. Du bist tief in der Erde. Stille, du hörst nichts, bis auf deine tiefe, massive Atmung. Saumselig öffnest du die Augen. Du siehst nichts, doch du spürst Leben, das vor sich hin schlummert. Pflanzen, Insekten, Tiere – um dich herum erstrecken sich ganze Ozeane aus kleinen und großen

Leibern, die alle miteinander verbunden sind, mit der Erde und mit dir. Käfer, Spinnen, Bäume, ganze Legionen von Lebewesen, die in einem tiefen Schlaf versunken sind, darauf wartend, geweckt zu werden.

Plötzlich beginnt sich etwas zu regen. Irgendwo tief unter dir erwacht das Leben, und du spürst wie kleine Regenbogenschlangen sich an die Oberfläche drängen. Mit ihnen beginnt das Große Erwachen der Schöpfung. Und auch du erwachst und gleitest nach oben, ans Licht. Du durchbrichst die Erde und verkündest deine Geburt mit einem wilden Schrei.

Einige Augenblicke später erstreckt sich vor dir ein prachtvoller Garten, in tanzendes Mondlicht getaucht. Tiefe Nacht. Die schweren Äste der Bäume, voller Früchte und saftiger Blätter, wiegen sich im Wind. Die Grillen zirpen. Irgendwo in der Ferne plätschert das Wasser. Du kniest auf den Boden und atmest die kühle Luft einer Sommernacht ein. Die Sterne über dir veranstalten ein Feuerwerk aus einem hypnotischen Funkeln und Strahlen. Alles um dich herum scheint miteinander zu kommunizieren.

Unverhofft vernimmst du menschliche Stimmen. Neugierig erhebst du dich vom Boden, um ihrer Quelle beizuwohnen. Schon bald entdeckst du eine Gruppe von Männern, die um ein Lagerfeuer sitzen und mit leuchtenden, wissbegierigen Augen gen Himmel blicken. Sie sind in einfache Kleider gehüllt und verwenden eine fremdländische Sprache, die du noch nie zuvor gehört hast. Mit einer unverkennbaren Geste laden sie dich in ihren Kreis ein. Du verneigst dich und gesellst dich zu der Gruppe.

Obwohl du die Sprache der Männer nicht verstehst, scheint einer unter ihnen eine Art Gelehrter zu sein. Das faltige, gebräunte Gesicht mit seinem strahlendweißen Bart verleitet dem Mann eine gewisse Väterlichkeit und Güte. Er spricht langsam, mit Bedacht, während die anderen versunken zuhören. Du machst es dir auf dem weichen, mit Gras bewachsenen Boden bequem und lauschst ein wenig, bis du mit deinem Herzen erspürst, worum es geht.

Ungefähr in der Mitte des neunzehnten Jahrhunderts lebte in Indien ein Wandermönch namens Tota Puri. Aufgrund seiner spirituellen Neigung zur Nacktheit, wurde er von seinen Schülern auch der „Nackte“ genannt. Er schlief nie unter einem Dach und starrte mit Vorliebe in den weiten Raum des Nachthimmels, auf der Suche nach der Einheit der Welt. In einer besonderen Nacht als er seine seelischen Schmerzen nicht mehr ertragen konnte und seines Körpers endgültig überdrüssig wurde, wollte er im Ganges-Fluss Selbstmord begehen. Doch dann, als er ins Wasser stieg, wurde er von einer bezaubernden Vision abgehalten. Voller Hingabe erkannte er:

„Mutter, Mutter, Mutter, Ursprung des Universums, Mutter, du unerklärbare Kraft, Mutter auf dem Land und im Wasser, der Körper ist Mutter und der Geist ist Mutter, alles was ich sehe, höre, denke, mir vorstelle, ist Mutter.“

Sonach erkannte Tota Puri die Bedeutung seiner Schmerzen, er erfasste die Einheit der Welt und erlangte die ersehnte Erleuchtung. Nachts. In der Dunkelheit.

Warum immer wieder nachts? Wir alle haben eine besondere Beziehung zur Nacht und fühlen uns nachts anders als am Tage: Während der Tag uns eine gewisse Stabilität gibt, werden wir nachts besonnener und aufmerksamer. Außerdem werden wir empfänglicher für spirituelle Erkenntnisse. Warum? Weil wir nachts *empfindlicher* sind, sowohl körperlich als auch seelisch.

Während wir am Tage eine gewisse Macht über das Leben haben, in dem wir Terminkalender mit uns tragen und einen geregelten Tagesablauf führen, so erleben wir nachts eine leichte Beunruhigung unserer Vorstellungen vom Leben. Nicht selten erwachen wir in der Nacht und werden unserer verdrängten Empfindungen, Ängste, Sehnsüchte und Verlangen bewusst. Dabei erkennen wir, dass das Leben mehr ist. Manchmal fragen wir uns, was geschehen wird, wenn wir sterben. Oder wir werden von haarigem, geradezu ausgehungertem Verlangen getrieben und begatten den Menschen, den wir lieben.

Doch in erster Linie erwacht das Bewusstsein in uns. Die Nacht erschüttert unser kleines Häuschen und lockt uns heraus. Aufgrund dieser unheimlichen Erschütterung, ist es nicht verwunderlich, dass wir der Nacht eher teuflische als angenehme Machenschaften zuschreiben.

Wenn wir die Neuzeit, also die letzten 500 Jahre des Abendlandes betrachten, stellen wir fest, dass die Nacht tatsächlich sehr stark dämonisiert und gefürchtet wurde. Wie schon gesagt: Da der menschliche Körper nachts empfindlicher als beim Tage ist, wurden von unseren Vorfahren die Krankheiten intensiver erlebt. Schlechte Sicht und ungünstiges Gelände brachten Beulen und Unfälle mit sich. Gräben am Straßenrand, umgestürzte Bäume und unbeleuchtete Pfade machten das Fortbewegen zu einem Abenteuer. Und in den Häusern sorgten offen stehende Türen und Treppenhäuser für weitere Strapazen.

Natürlich fürchtete man sich auch vor Räubern und Bränden, vor wilden Tieren und Mördern. „Im Schutze der Nacht“, wie man so schön sagt, verrichteten diese unangenehmen Wesen ihr Werk und bestärkten dadurch den vorherrschenden christlichen Aberglauben, die Nacht sei die Wiege des Bösen. Ganz besonders für die Kirche war die Nacht ein gefundenes Symbol des Teufelwerks. Nachts standen die Gerichte still, die Geschäfte waren geschlossen und als der peinlichste aller Berufe galt der des Nachtwächters.

Doch die Nacht hatte auch eine andere Bedeutung: Für den einfachen Mann sorgte sie für die Geselligkeit und für die Gelöstheit von der Arbeit am Tage. Man rückte zusammen, lachte, führte vertraute und intime Gespräche, verarbeitete die unangenehmen Ereignisse des Tages oder erholte sich einfach. Abseits der Routine des Arbeitslebens wurden Feste und Feierlichkeiten abgehalten, Narreteien und Hemmungen wurden ausgelebt bzw. abgebaut.

Und natürlich war die Nacht in erster Linie der Ort des Flirts und des Getränks: Die meisten Liebesbeziehungen blühten nachts auf. In ihrem Rausche wagte der eine oder andere, die kirchlichen Verbote der sexuellen Aktivitäten zu durchbrechen. In Scheunen und Kellern, gar Friedhöfen konnten die Menschen dem Genuss der zweisamen Lust frönen. In der kuscheligen Intimität der Dunkelheit erhoben sich flüsternde Worte der Poesie, um von verborgenen Gefühlen und Verlangen zu berichten.

Diese verborgenen Verlangen auf einer Seite und die durch die Kirche geprägte, schuldbeladene Selbstwahrnehmung auf der anderen Seite fanden ihren Ausdruck in angeblichen nächtlichen Begegnungen mit Ungeheuern oder mit dem Teufel selbst. Vor allem in ländlichen Gegenden sprachen Bauern, Mägde und Händler in felsenfester Überzeugung von Banshees, Werwölfen, Kobolden und Hexen. Warum erfanden die Menschen solche Geschichten? Was verkörpern all diese Biester? Darüber haben wir bereits gesprochen: Die Bestien beschreiben eine wilde Sprunghaftigkeit und Freiheit, nach der sich die Menschen insgeheim sehnten. Alles, was verboten wurde, fand seinen Ausdruck in nächtlichen und dunklen Erscheinungen.

Ganz besonders Verlangen und Begierden.

Seit der Einführung der großen Religionen wurden Verlangen, ganz gleich welcher Art, verboten und geächtet. So beruhte die Verfolgung der Hexen auf sexuellen Phantasien der Priester, neidischer Frauen und lüsterner Männer, die im Zuge ihrer Frömmigkeit sich selbst psychologische Ketten anlegten. Da Waldfrauen, Feen und Hexen der Natur sehr nahe standen und ihrer Triebhaftigkeit folgten, wurden ihnen, besonders im Mittelalter, teuflische Machenschaften nachgesagt. Auch der Zeugungsakt wurde mit dem Stempel der Schwarzen Magie versehen.

Die so genannte „schwarze Frau“, die einen einfachen und natürlichen Weg zur Erleuchtung vermittelte, passte der katholischen Kirche nicht. Da sie aber dieser dunklen Weiblichkeit machtlos gegenüber stand, entschied sie sich, dieses Mysterium im Gedächtnis der Gläubigen als Gefahr und Unheil einzubrennen.

Im 13. Jahrhundert predigte der Franziskanermönch Berthold von Regensburg gegen Zigeuner, Juden und ganz besonders gegen schwarze Katzen, in denen er die formgewordene Finsternis sah. In diesen Zeiten organisierten die verängstigten Abergläubigen regelrechte Jagden auf die lieben Sanftpfoten. Auch heute noch wird dieses bizarre Ritual praktiziert, vor allem im christlichen Italien, wo jährlich 60 000 schwarze Katzen einem abergläubischen Wahn zum Opfer fallen.

Schon Jahrhunderte zuvor beschrieb der griechische Kirchenlehrer Basilius alles Dunkle und Schwarze als das Böse selbst und verfluchte jede Form von Sehnsucht und Verlangen. Seltsam ist, dass die fromme und scheinbar harmlose Suche nach Gott ebenfalls ein Verlangen darstellt, vielleicht sogar das größte überhaupt.

Denn welche Religion wurzelt nicht in einem Verlangen nach Gott?

Als der weise Mann einen rätselhaften Ausspruch von sich gibt, lehnst du dich neugierig nach vorne. Obgleich du immer noch nicht die Sprache der Männer verstehst, glaubst du zu wissen, was gerade gesagt wurde, denn du spürst es in deinem Herzen: „Halte Ausschau nach dem, der Ausschau hält."

Während die anderen Männer über den Satz nachdenken, ihn miteinander besprechen und Vermutungen verlauten, richtet der gelehrte Mann seinen Blick auf dich. Seine Augen, erfüllt von Güte und Weisheit, schimmern im Mondlicht. Sein Lächeln, in ein tiefes Schweigen und absolute Offenheit gehüllt, berührt dich auf eine wundersame Weise. Innerlich entblößt, blickst du zurück und lächelst. Daraufhin deutet der Mann mit zwei Fingern auf seine Augen und wiederholt den Satz: „Halte Ausschau nach dem, der Ausschau hält." Sogleich versinkst du für einen Moment in tiefer Beschaulichkeit und fragst dich erneut:

Wer bin ich wirklich?

Also, wer ist der innere Beobachter? Ich sagte: In der Nacht erwacht unser Bewusstsein. Natürlich geschieht es auch am Tage, doch nachts ist die Selbstwahrnehmung intensiver, weil wir eben empfindlicher sind. Nachts sind wir dem inneren Beobachter näher. Wir können zwar nicht wirklich sagen, wer der Beobachter ist, wir können aber sagen, was der Beobachter *tut*: Er nimmt wahr. Er richtet nicht, er schämt sich nicht, er vergleicht nicht, er kämpft nicht, und er verneint nicht. Stattdessen ist er in jedem Augenblick *präsent*.

Und schließlich das Wesentliche, was uns bei unseren mühseligen Selbsterforschungen wirklich hilft: Wenn der innere Beobachter einem inneren Dämon in die Augen blickt, weiß er, dass der Dämon kein Fremdling ist, sondern ein *Angestellter*.

Ein Angestellter? Genau! Der innere Beobachter weiß, dass jedes Problem, das uns plagt, wir erlernt haben und es selbst erzeugen. Und er weiß sogar noch mehr: Er weiß, *wie* wir dieses Problem erzeugen.

Die Erforschung des Innenversums
Exkurs II: Bilaterale Bewegung

Es war ein Mal ein Skeptiker, der Gott und seine Allmacht mit einer Frage herausfordern wollte: „Also, alter Mann, wenn du Gott bist, kannst du einen Stein erschaffen, den du nicht bewegen könntest?“ Gott zögerte, denn es war ihm bewusst, dass er alles erschaffen und alles tun konnte. Doch einen Stein zu erschaffen, den er *nicht* bewegen könnte, würde bedeuten, dass er eben doch nicht allmächtig ist.

Über die List des Skeptikers entzückt, lächelte Gott auf, nickte beeindruckt mit seinem wild behaarten Kopf und sagte: „Nun, mein Freund, ich habe diesen Stein bereits erschaffen. Dich!“

Der Skeptiker starrte verdutzt zu Gott: „Was soll das bedeuten?“

Gott seinerseits begann zu lachen und erklärte: „Ich habe dich erschaffen, ich kann dich zu nichts zwingen, und trotzdem läufst du herum.“

Die Idee zu diesem Märchen erhielt ich von einem Freund, der mit Gott und dem spirituellen „Zeugs“ nicht viel am Hut hat. Während eines längeren Gespräches über das Universum und Co., das vor einigen Jahren stattfand, stellte er mir nämlich dieselbe Frage, wie der Skeptiker: Wenn Gott allmächtig ist, könnte er dann einen Stein erschaffen, den er nicht bewegen könnte?

Genial! Was für ein Gedankenspiel! Damals war ich sprachlos und grübelte sehr lange nach, genauer gesagt mehrere Jahre. Nun ja, was ist die Antwort? Gibt es in Gottes Welt irgendetwas, was nicht Gott unterworfen ist? Oder lass mich die Frage etwas verfeinern: Gibt es *in uns* etwas, was unserer Macht nicht unterworfen ist?

Es gibt eine Kraft im Universum und in uns, die stärker ist, als alles andere. Zwar haben wir ganz am Anfang unseres Gespräches festgestellt, dass die größte Motivation, die wir haben, Glück ist. Doch es gibt noch eine andere, die um einiges mächtiger ist. Schmerz.

Wenn du dich selbst ein wenig erforschst, wirst du feststellen, dass du in allem, was du tust, in erster Linie, dem Schmerz *entgehen* möchtest. Vielleicht sehnst du dich nach einem Ort, wo du glücklich sein kannst, doch viel stärker sehnst du dich nach einem Ort, wo es keinen Schmerz gibt. Habe ich Recht? Nichts prägt uns mehr als Schmerz. Dies ist der Grund, weshalb es so schwierig ist, dauerhaft glücklich zu sein, denn Schmerz ist stärker als jedes andere Gefühl.

Wie soll es auch anders sein? Wenn du glücklich bist und gleichzeitig deine Hand auf eine heiße Herdplatte legst, muss etwas in dir selektieren, was wichtiger ist. Selbstverteidigung ist wichtiger. Schmerz ist wichtiger. Rein körperlich gesehen ist dieser Prozess absolut verständlich. Doch was ist mit unseren seelischen Schmerzen, die uns manchmal jahrzehntelang belagern, obwohl die Gefahr längst vorüber ist? Warum leiden wir immer noch? Ist Leid vielleicht dieses eine „Etwas“, das nicht unserer Macht unterworfen ist?

Nun, der Schmerz ist keineswegs eine mystische Erscheinung, die nach Belieben auftaucht. Auch wenn es vielleicht ein wenig herausfordernd klingt: Jedes Problem ist eine *von uns selbst* entwickelte und angewandte Fähigkeit. Sich unglücklich zu fühlen ist eine Fähigkeit. Insofern lautet die wichtigste aller Fragen bezüglich der Selbsterforschung:

Wie genau mache ich mich unglücklich?

Zuallererst müssen wir natürlich festhalten, dass wir alle im Verlaufe unserer ersten Jahre eine Menge durchgemacht haben. Nicht selten haben wir dabei furchtbare Erfahrungen gemacht, die uns zum entsprechenden Zeitpunkt überwältigt haben. Doch wirklich bemerkenswert wird der Sachverhalt, wenn wir die einst erfahrenen Probleme immer wieder erleben und dadurch sogar eine Vorstellung von dem bilden, was das Leben zu sein scheint: Wundersam, hart, gerecht, verwirrend, sinnlos, großartig. Jeder von uns hat seine eigene, ganz persönliche Einstellung zum Leben und kann ihre Gültigkeit mit Beweisen untermauern. Doch warum eigentlich? Warum erleben wir nicht alle dasselbe? Warum ist jede persönliche Geschichte trotz ihrer Einzigartigkeit dennoch absolut legitim? Und warum erleben wir das, was uns am meisten geprägt hat immer und immer wieder?

Weil wir nur das wahrnehmen können, was wir kennen.

Erinnerst du dich? Die Welt ist Wahrnehmung. Was sind die Bausteine der Wahrnehmung? Natürlich Gedanken. Gedanken erzeugen Bilder. Bilder erzeugen Gefühle. Jedem Gefühl geht ein Gedanke voraus. Auch Erinnerungen sind Bilder. Erinnerst du dich an irgendetwas Furchtbares aus deiner Vergangenheit? Etwas, was du noch nicht verdaut hast? Sobald du nämlich in diese Erinnerung einsteigst, spürst du augenblicklich das alte leidvolle Gefühl. Warum?

Die Art, wie wir einst auf etwas Schlimmes reagiert haben, wie beispielsweise den Tod eines geliebten Haustieres, haben wir gespeichert und in unser emotionales System eingebaut, als eine Art Lexikon. Da wir alle von verschiedenen Menschen konditioniert wurden, haben wir natürlich in erster Linie *ihre* Art mit Stress umzugehen in uns aufgenommen und ebenfalls im Lexikon gespeichert. Dieser Prozess ist ganz natürlich und wichtig, damit wir in der entsprechenden Umgebung *sicher* aufwachsen können. Dies ist übrigens der Grund, warum wir nach und nach unseren Eltern ähneln, was natürlich eine wunderbare Möglichkeit darstellt, endlich zu verstehen, warum sie so sind, wie sie sind.

Die Kehrseite der Medaille ist allerdings die folgende: Wir nehmen alles mit, was unsere Eltern zu geben haben, vor allem ihre Art, zu leben und zu lieben. Dieses emotionale Wissen ist für uns nicht immer ungefährlich. Schließlich können unsere Mamis und Papis nur das geben, was sie *können.* Und manchmal beschränkt sich ihre Zuneigung auf Handgreiflichkeiten oder Erniedrigungen. Wenn dies geschieht, beginnen wir, uns von uns selbst zu trennen:

Wenn der Schmerz in der Beziehung zu stark ist oder viel zu gravierende Folgen hat oder unentwegt andauert oder nicht ausreichend unterstützt wird, dann kommt eine ganz besondere Komponente hinzu: Kompensation. Selbstschutz.

Dieser Schutz kann sehr ausgefallene Formen annehmen. Angefangen mit Fernsehen, Süßigkeiten und Alkohol, bis hin zu komplettem Rückzug, Schuldgefühlen und sogar Selbsthass. Oh ja, sogar Selbsthass hat eine schützende Funktion. Wie das? Stell dir vor, du wächst in einer Umgebung auf, in der du mehr oder weniger nicht erwünschst bist. Die einzige Überlebenschance besteht darin, dich auf die Seite derer zu stellen, die dich nicht wollen und zu dir selbst „Nein“ zu sagen. Ein furchtbares Szenario.

Doch irgendwann verlassen wir die alte Umgebung und machen uns zu neuen Ufern auf. Wir werden selbstständig und erwachsen, haben Pläne und versuchen das Leben zu meistern. Doch siehe da: Nach und nach ziehen schwere Wolken auf und die vergessene Zeit erlebt eine unerwartete Renaissance und zwar immer wieder, bis wir uns fragen: „Habe ich nicht genug gelitten? Gott, warum tust du mir das an?“

Unverdaute Erinnerungen sterben nicht.

Waren die damaligen Peiniger manipulativ und hart, so erleben wir immer wieder manipulative und harte Menschen. Wurden wir damals verlassen und ausgenutzt, so werden wir auch heute missbraucht und verlassen. Sind wir damals im Chaos aufgewachsen, so kommen wir nicht umhin, Chaos weiterhin zu erfahren. Warum? Wir können nur wahrnehmen, was wir kennen.

Hier wird das Leben sehr herausfordernd: Alte Wunden, die wir so gut verstecken konnten, kommen immer mehr an die Oberfläche und wollen betrachtet werden. Wenn es geschieht, versuchen wir wegzuschauen, vergraben uns in Arbeit, Chipstüten und Zigarettenschachteln und fragen uns verständlicherweise, warum wir immer wieder den gleichen Partner erleben, auch wenn er anfangs so „viel versprechend“ war. Warum immer wieder der gleiche „Fehler“?

Es ist das alte Gefühl in uns, diese eine seltsame, mystische Wunde aus den alten Tagen, die unser Boot steuert. Sehr oft wissen wir nicht ein Mal, dass diese Wunde überhaupt noch da ist, es sei denn – es wird dunkel um uns herum. An dieser Stelle wird unsere Beziehung zur Dunkelheit und Nacht sehr deutlich. Schließlich lauern all die alten verklebten Emotionen in eben dieser Schwärze. Das Schwarze kennt die Wahrheit, es hat alles gesehen und *gespeichert*. Wenn das Unverdaute erwacht, sind wir nicht selten davon überzeugt, dass irgendeine fremde Macht uns verletzen möchte, anstatt zu erkennen, dass wir selbst diese Macht sind.

Um es endlich auf den Punkt zu bringen: Das Leid, das wir empfinden, ist die Reaktion auf ein inneres Bild, das *wir selbst* erzeugt haben bzw. aufrechterhalten. Das lebendige Original ist zwar vorüber, doch in uns lebt dessen Geist weiter, genauer gesagt: Unsere *emotionale Reaktion* lebt weiter. Denn das Problem mit einem Problem ist nicht das Problem selbst, sondern die Art, wie wir damit umgehen.

Da ist etwas in uns, etwas, was unsere Sichtweise auf das Leben bestimmt. In dieser Hinsicht haben so gut wie alle spirituellen Lehren ein so genanntes Ego eingeführt, einen kleinen gemeinen Saboteur in uns. Den Teufel. Doch es gibt kein Ego. Alles in uns, sowohl das Angenehme als auch das Ekstatische, all die vier Trillionen Leinwände, die wir tagtäglich in uns erleben, entspringen der gleichen Quelle.

In unserem Geist hat jedes Leiden seine Funktion und wird von uns selbst *gezielt* eingesetzt. Genau aus diesem Grunde funktionieren gute Vorsätze, wie mehr Geld verdienen, mit dem Rauchen aufhören oder ein wenig abnehmen, nicht. Armut hat eine Funktion, genauso wie das Rauchen oder Übergewicht. Und um welche Funktion handelt es sich dabei?

Natürlich um Schutz. Denn hinter allem, was uns plagt, verbirgt sich eine liebevolle Absicht, uns selbst zu beschützen.

Doch wie können wir diese alten Mechanismen erkennen und verändern? In dem wir die richtigen Fragen stellen: Warum brauche ich dieses Übergewicht, diese Armut, diesen Stress? Und wie genau erzeuge ich diese Dinge? Es ist nämlich gar nicht so einfach, etwas Unangenehmes zu erzeugen, es sei denn, man praktiziert es sein Leben lang. Stellen wir uns also die entscheidende Frage:

Wie erschaffe ich etwas in mir, was weh tut?

Betrachten wir beispielsweise die Fähigkeit, sich schuldig zu fühlen. Jemand, der noch nie Schuldgefühle hatte, wird sich sehr schwer tun, Schuldgefühle zu empfinden. Wie könnten wir diesem jemand dabei helfen, sich schuldig zu fühlen? In dem wir die Fähigkeit, sich schuldig zu fühlen erst Mal in ihre Einzelteile zerlegen. An dieser Stelle spielen abermals richtig gestellte Fragen die entscheidende Rolle:

Woher weiß ich, dass ich mich schuldig fühle? Wo spüre ich es? Wann spüre ich es? Wie sieht es aus, wenn es eine Form hätte? Wie würde es riechen, wenn es einen Geruch hätte? Was macht es mit mir?

Warum sind diese Fragen so wichtig? Nun, wir alle bestehen zu etwa 95 Prozent aus etwas Dunklem, daher unsere größte Angst vor der Dunkelheit. Denn das Dunkle in uns ist ein

Kino. Dieses Kino nennt sich Unterbewusstsein. Das Unterbewusstsein arbeitet in Bildern. Jedes Problem ist eine Art Fünf Sinne Spielfilm, der aus vielen kleinen Einzelteilen besteht: Geräusche, Gerüche, Worte, Bilder, Gesten, usw.

Wenn wir in diesem Sinne die Fähigkeit, sich schuldig zu fühlen untersuchen, erhalten wir folgende Zutaten: Bestimmte Schauplätze, bestimmte Personen, bestimmte Sätze und anschließend Gefühle, die daraus folgen – alles rein mental wohl gemerkt. Die besagten Schauplätze können schreckliche Folgen einer Tat darstellen. Währenddessen flüstern uns gewisse Personen gewisse Sätze ins Ohr und verstärken dadurch das Gefühl. Sowohl die Schauplätze, als auch die sprechenden Personen sind nicht real, sondern werden in unserem inneren Kino abgespielt – von uns selbst.

Dabei erschaffen wir die Schauplätze, wir spielen die Personen, wir sprechen die Sätze und spüren hinterher das Gefühl. Wir machen alles selbst. Ist das nicht unglaublich?

Mit anderen Worten: Wir haben einen Film in uns, den wir entweder gespeichert oder selbst gedreht haben. Diesen Film spielen wir immer wieder ab, bis er eine fulminante Perfektion erreicht. „Sieh, was du getan hast!“, faucht die Stimme des Vaters. „Schäm dich!“, zischt die Stimme der Mutter. „Das wird noch Folgen haben!“, ruft die Stimme des Lehrers. Weder der Vater, noch die Mutter, noch der Lehrer sind wirklich anwesend. Dennoch, wenn sie zu uns sprechen, spüren wir ihre Atmung im Nacken. Eine beeindruckend echte Simulation.

Ein anderes Beispiel: Wut. Was müssen wir tun, um wütend zu sein? Wir drehen einen inneren Film. In diesem Film sind wir ein armer Schlucker, der herumgeschubst, beleidigt, missbraucht, beraubt, missverstanden, vergessen, ausgelacht und nicht ernst genommen wird. Ein Film über Machtlosigkeit und Ungerechtigkeit des Lebens, mit dem Titel: „Was soll das?“. Der Film kommt ins Kino, und wir schauen ihn uns an. Woher wissen wir, dass wir diesen Film mögen? Wenn wir uns mit dem armen Schlucker identifizieren und ihm glauben. Sofort spüren wir diese Säure in der Brust, dieses Feuer. Ein Vulkan kurz vor dem Ausbruch. Nun sind wir aufgeladen. Jetzt brauchen wir nur noch einen Auslöser, jemanden, der uns ein wenig schief ansieht oder anschubst … schon flippen wir aus und schreien: „Was soll das?“.

Erkennst du langsam, wie mächtig du bist? Jedes Problem in dir ist eine angewandte Fähigkeit. „Sorgen machen“ ist eine Fähigkeit. „Angst haben“ ist eine Fähigkeit. „Dick sein“ ist eine Fähigkeit.

„Problem haben“ ist erlernbar.

Du bist ein Meister im Drehbuchschreiben, Regie führen, Schauspielern, Schneiden und Vertonen. Und dazu noch ein begnadeter Kinogänger. Wenn du also ein Problem hast und dabei so richtig depressiv wirst, kannst du dir ruhig auf die Schulter klopfen, denn du hast alles richtig gemacht, sonst wärst du nicht derart mitgenommen. Nun, natürlich sind bestimmte Filme schädlich. Sie enthalten Gewalt, Ungerechtigkeit und Leid. Dennoch drehen wir diese Filme immer und immer wieder. Warum? Weil wir zu Dramaturgen ausgebildet wurden.

Weil wir es gut können.

Als Siddharta Gautama, der Buddha, sich seinem inneren Dämon Mara stellte, wurde er ebenfalls mit seinen eigenen Filmen konfrontiert. In seinem Inneren wurde er angegriffen und in Versuchung gebracht, doch er bemächtigte sich seines Geistes und verwandelte die furiosen Pfeile in zarte Blumen und entmachtete das schmerzvolle Schauspiel.

Es gibt kein Ego. Unsere Gedankenwelt ist nicht unser Feind, sondern unser eigenes Territorium, das wir selbst gestalten können. Um die Horrorfilme zu entschärfen gibt es viele Möglichkeiten und Techniken. Eine der besten, wenn nicht die beste, habe ich bereits in einem früheren Kapitel vorgestellt: Die Meridianstimulation.

Aber es gibt noch eine andere. Mit größter Freude möchte ich dich an die einfachste aller Techniken der Selbsterforschung erinnern, die die Natur uns von Anfang an mitgegeben hat. Du wirst dich wundern …

Stell dir bitte folgendes Szenario vor: Eine Welt 20.000 Jahre vor Christi Geburt. Zwei befreundete Jäger gehen in einem fernen Wald ihrem gefährlichen Handwerk nach. Plötzlich springt ein wilder Bär aus einem Busch hervor und greift die beiden an. Sofort entbrennt ein gnadenloser Kampf auf Leben und Tod. Im Verlaufe dieser gefährlichen Auseinandersetzung wird der Bär erlegt. Dabei reißt er tragischerweise einen der Jäger mit in den Tod. Der überlebende Jäger starrt seinen zerfleischten Freund an und verfällt in tiefe Trauer, Verzweiflung und Schuld.

Was soll er tun? Wie soll er in der Zeit vor der Entdeckung von Meditationen und Psychoanalyse seinen Verlust behandeln und sich davon befreien?

In dem er in sein Dorf zurückkehrt. In dem er *geht*.

Ich kann mir gerade bildlich deinen Gesichtsausdruck vorstellen: „Gehen? Einfach nur gehen? Mehr nicht?“ Genau! Warum sonst heißt es: Der Weg ist das Ziel? Unser Gehirn besteht aus zwei Hemisphären. Die rechte Hemisphäre ist die kreative, intuitive und ganz und gar spirituelle. Die linke Hemisphäre ist die logische, konkrete und ein wenig unspirituell. Seelisches Leid entsteht aus dem Ungleichgewicht dieser Hemisphären, genauer gesagt in der Dominanz der linken, also logischen, nachdenkenden Hemisphäre.

Wenn der überlebende Jäger voll Trauer, Verzweiflung und Schuldgefühlen seinen toten Freund verlässt und in sein Dorf geht, werden seine beiden Hemisphären durch die Bewegung der gegensätzlichen Extremitäten (linkes Bein - rechter Arm, rechtes Bein - linker Arm) sanft und gleichmäßig stimuliert. Auf diese Weise entsteht ein mächtiges Gleichgewicht im Gehirn, das den Verlust tatsächlich zu verarbeiten vermag und eine natürliche Reinigung der Seele bewirkt. Außerdem entsteht ein tiefes Verständnis für das Problem und damit Weisheit.

Wenn der Jäger in sein Dorf zurückkehrt, weiß er zwar immer noch von dem Verlust seines Freundes, doch die emotionale Reaktion hindert ihn nicht mehr daran, sein eigenes Leben gesund weiter zu führen.

Somit ist Gehen der natürlichste Weg, Probleme zu zerlegen und zu verarbeiten. Die Anwendung ist einfach: Halte deinen Film vor dem inneren Auge fest und gehe los. Lass deine Arme frei schwingen und beobachte, wie sich das Schauspiel verändert. Bleibe bewusst – da haben wir ihn wieder, den inneren Beobachter. Atme dich in das Problem hinein und schaue einfach nur zu. Wenn du magst und keine Angst davor hast, als „bekloppt" geoutet zu werden, kannst du dabei deine Meridianpunkte beklopfen, was die Heilung um einiges beschleunigt. Das war's. Hast du dich schon Mal gefragt, weshalb Pilgerreisen solch eine befreiende und erleuchtende Wirkung haben? Es liegt nicht am Ziel, sondern sprichwörtlich am Weg. Gehe also los! Lass die „zwei" für dich arbeiten!

„Jesus sprach: „Wenn zwei miteinander Frieden schließen in diesem einen Hause, werden sie zum Berg sagen: Bewege dich fort, und er wird sich fortbewegen."

Thomas Evangelium, 48

Nachdenklich starrst du ins Feuer. Einer der Männer stochert mit einem langen Ast darin herum. Mit einem gemütlichen Knistern erwachen die ermüdeten Flammen zu einem neuen Leben. Während du über den inneren Beobachter nachdenkst, erwachen in dir gewisse Dinge, die du vergessen hast oder nicht sonderlich magst. Verzerrte, unangenehme Erinnerungen aus der Vergangenheit, Gesichter und Worte, die dich beunruhigen.

Der alte Mann bemerkt deine Unruhe und berührt dein Bein. Du schaust auf und erblickst abermals dieses gütige Lächeln, das eine Weisheit und Tiefe ausstrahlt, zu dem sich nun eine unerklärliche Vertrautheit gesellt. Mit einem tiefen Atemzug deutet der alte Mann auf etwas hin: Du erkennst, dass du aufgrund deiner Versenkung in der Vergangenheit, die Luft angehalten hast. Wie von selbst befolgst du seinem Rat, atmest tief ein und wieder aus.

Die nagenden Bilder vor deinem inneren Auge beginnen sich ein wenig zu lösen. Die Dunkelheit der Nacht voller Zauber und Stille trägt ebenfalls dazu bei, dass dein Geist sich beruhigt. Du schließt für einen Moment die Augen, atmest ein und lässt beim Ausatmen all das Vergangene los. Es soll ziehen. Es ist vorbei. Nun bist du hier, so wie du bist.

Da entdeckst du zum ersten Mal eine kleine Statue in der Hand des weisen Mannes. Beim genaueren Hinsehen erkennst du, dass es sich dabei um eine weibliche Figur handelt, mit ungewöhnlich großen Brüsten und einem aufgeblähten, wohl schwangeren Bauch. Mit einem fragenden Blick deutest du auf die Statue, woraufhin der Mann zum Himmel zeigt.

Du blickst empor und entdeckst den Mond. Bevor du eine fragende Geste machen kannst, erhebt sich der Mann und bedeutet dir ihm zu folgen. Die anderen Männer werden still und starren dich an. Etwas verlegen, dennoch neugierig gehst du auf die Forderung des alten Mannes ein, während die anderen Männer sich euch anschließen.

Unterwegs hörst du wie sie verstohlen mit einander tuscheln und als du dich umblickst, erhaschst du ihre sonderbaren

Blicke, die auf dich gerichtet sind. Dir wird etwas mulmig zumute. Was wird jetzt geschehen?

Nach einem langen, schweigenden Marsch durch die nächtliche Landschaft, erreicht ihr eine wuchtige Grotte, aus der ein dünnes kleines Rinnsal herausplätschert. Zwei Fackeln, links und rechts, erleuchten den geheimnisvollen Eingang. Daneben erhebt sich die steinerne Statue einer weiblichen Figur, ähnlich der des alten Mannes, allerdings deutlich größer und eindrucksvoller. Ihre gewaltigen Brüste und der ebenso gewaltige Bauch stechen auf eine rätselhafte Weise ins Auge.

Du fühlst dich an etwas erinnert, an etwas Vorzeitliches, Verschüttetes und irgendwie Verbotenes. Umsichtig starrst du in die Finsternis der Grotte hinein, ohne irgendetwas erkennen zu können.

Der alte Mann legt seine Hand auf deine Schulter und bedeutet mit einer Kopfbewegung hineinzugehen. Du zögerst, da du erkennst, dass niemand dich begleiten wird. Du wirst allein gehen. Doch das allwissende Lächeln des alten Mannes gibt dir Zuversicht.

Du holst tief Luft und tauchst in die Schwärze der Höhle ein.

Teil III:
Mutter

„Finsternis machte er zu seinem Bergungsort,
zu seinem Zelte rings um sich her,
Finsternis der Wasser,
dichtes Himmelsgewölk."

Samuel, 22,7

Märchenstunde

Eines Tages ging der Bär Marvin auf die Suche nach ein wenig Honig. Als er die Spitze eines großen grünen Hügels erreichte, erblickte er ein riesiges Loch mit einem Seil an der Seite, das hinabführte. Neben dem Loch erhob sich ein Haufen Erde und aus der Tiefe stieg ein angestrengtes Keuchen hervor.

„Hallo!?“, rief Marvin in das Loch hinein, „braucht da jemand vielleicht Hilfe?“ Nach einer Weile kletterte ein alter Streunerhund das Seil empor. Er war mit Erde verdreckt und trug einen Rucksack auf seinem Rücken. Als er die Oberfläche erreichte, öffnete er den Rucksack und schüttete noch mehr Erde auf den Erdhaufen. Dann setzte sich der Hund hin und genehmigte sich einen Schluck aus einem kleinen Fläschchen.

„Was suchen Sie denn?“, fragte Marvin.

Der Hund schüttelte seinen Kopf und sagte: „Ich werde aus diesem Loch nicht schlau. Ich will sein Geheimnis wissen!“

Neugierig sah Marvin in das Loch hinein. „Was denn für ein Geheimnis?“, rief er aufgeregt.

Der Hund seufzte, sah ebenfalls hinunter und sagte: „Weißt du, das Leben hat mich schon manches Mal beraubt: Meine Frau liebt einen Labrador, meine Kinder verehren eine Bulldoge im staatlichen Fernsehen und meinen Freunden war ich stets zu langweilig. Ich habe nichts mehr und mein altes verbittertes Herz ist mittlerweile so klein wie eine Erbse. Doch je mehr ich aus diesem verflixten Loch herausnehme, desto größer wird es.“

Isis‘ Schleier

Vorsichtig tastest du dich in der Finsternis voran. Obwohl du diese Schwärze bereits kennst, ist diesmal irgendetwas anders: Diesmal findest du keinen Halt, nur gähnende Rätselhaftigkeit. Was ist passiert? Was geschieht hier? Dein Verstand beginnt nervös umherzutaumeln und Gefahren zu vermuten. Du fragst dich, was dich erwartet, welche Mysterien diese Grotte birgt und ob du ihnen gewachsen bist. Immerzu spürst du die Einsamkeit aufsteigen, und das Verlangen umzukehren macht sich immer mehr bemerkbar.

Plötzlich fragst du dich, warum du diese Reise überhaupt angetreten bist und bereust deine Entscheidung. Als eigenartige und fremde Geräusche deine Ohren erreichen, bleibst du stehen. Es gefällt dir nicht.

Du drehst dich um und erstarrst: Da die Schwärze in jedem Winkel dieser Grotte gleich aussieht, weißt du nicht mehr, wo du den Ausgang findest. Alles ist gleich, dasselbe. Wohin jetzt? Hilflosigkeit ergreift dich. Du fühlst dich reingelegt. Zum ersten Mal verfluchst du die pechschwarze Leere und du verfluchst den alten Mann. Du sehnst dich nach Licht, nach Wärme, nach Klarheit. Doch deine Sehnsucht wird nicht erwidert. So laut du kannst rufst du um Hilfe. Doch deine Worte klingen dumpf und hohl in der Grotte.

Du bleibst allein, so als hätte die Welt dich vergessen.

Wir alle kennen diesen einen Moment, in dem wir dabei sind, etwas Wichtiges zu verlieren, sei es ein geliebter Mensch, die Kontrolle über unser Leben oder einfach nur ein Gegenstand. Noch halten wir es in der Hand, doch dann … dann ist es weg. Die Ohren pochen, der Gaumen wird trocken und schmeckt nach alten Socken, die Brust wird schwer und weigert sich anständig zu atmen.

Weg. Verloren. Vorbei.

Die Angst vor dem Verlust war der Beweggrund, weshalb Jesus in der Nacht vor seiner Hinrichtung seinen Vater anrief. Doch die göttliche Antwort war ein Schweigen. Was blieb Jesus zu tun? Er verlor seine Anhänger, seine engen Schüler, sein Ansehen und war dabei, sein Leben auf eine furchtbare Weise zu verlieren. Er hätte schreien oder gewalttätig ausbrechen können, er hätte fliehen oder seinen Gott leugnen können. Doch er tat nichts dergleichen.

Seine letzte Tat war eine Fügung.

Die Kreuzigung und das leidende Leib eines Hilflosen ist wahrscheinlich das größte spirituelle Symbol überhaupt, denn es beschreibt sowohl eine absolute Hingabe an eine übergeordnete Ordnung, als auch einen sehr schweren Verlust. Einen transformierenden Verlust: Den Tod.

Jedes Mal, wenn wir etwas verlieren, stirbt etwas in uns. Doch was genau stirbt da?

Die Vergangenheit. Ohne unsere Vergangenheit sind wir auf der Stelle frei. Denn die Vergangenheit ist ein schlechter Ratgeber. Als Buddha geboren wurde, verstarb seine Mutter und mit ihr sämtliche Konzepte und Frustrationen von einem „wie das Leben zu sein hat". Der Weg zu Gott und zu sich selbst führt über den Verlust der irdischen Mutter. Warum Mutter?

Unser Unterbewusstsein wird in den ersten sechs Jahren gebildet. Da wir in dieser Zeit an unserer Mutter regelrecht kleben, nehmen wir ihre Erfahrungen, Wünsche, Vorstellungen, Enttäuschungen, aber vor allem *Glaubenssätze* in uns auf und tragen sie weiter. Für sie. Der Tod der Mutter befreit uns also von einer Last, die nicht für uns bestimmt war. Da Heilung einzig und allein in uns stattfindet, ist der Tod der Mutter natürlich symbolisch gemeint und bezieht sich auf die gedanklich-emotionale Struktur in uns, die wir im Verlaufe unserer Beziehung zu unserer Mutter unbewusst erschaffen haben.

Ich habe zwei Jahrzehnte gebraucht, um meiner Mutter den Heiligenschein, den ich ihr selbst verpasst habe, zu entreißen und den Menschen, der sie wirklich ist, zu erkennen. Natürlich hat jede Mutter ihr Bestes gegeben, dennoch dürfen wir bei aller Liebe nicht vergessen: Trotz ihrer Güte sind Mütter Menschen mit Wunden und unverdauten Verletzungen. Einige Mütter beanspruchen ihre Kinder als ihren Besitz, oder sie versuchen die Unschuld des Kindes mit allen Mitteln zu bewahren, was dem Kind Allergien, Benommenheit und Berührungsängste beschert. Wiederum andere Mütter betrachten ihre Kinder als unfertig oder sogar fehlerhaft und möchten sie zurechtbiegen. Oder sie vermitteln ihren Kleinen den Eindruck, unerwünscht zu sein und sind sparsam mit ihrer Liebe.

Mütter sind nicht vollkommen und bisweilen überfordert, schließlich ist ihnen die größte Verantwortung überhaupt anvertraut worden: Einen kleinen Menschen zu gebären, ihn zu lieben, zu tragen und zu beschützen. Wie soll man diese gewaltige und gewichtige Aufgabe verrichten, wenn man selbst seelische Wunden in sich trägt, nach Liebe ruft und selbst gewissermaßen noch ein Kind ist?

Trotz einiger Schrecken ist die Beziehung zwischen der Mutter und dem Kind eine ganz besondere. Diese Beziehung ist universell. Während sie auf der menschlichen Ebene eine unvollkommene, vielleicht kleinliche und im Wandel begriffene Form annehmen kann, so entfacht sie auf der spirituellen Ebene ein Feuer der bedingungslosen Liebe.

Diese Liebe herrschte zwischen Jesus und Gott, sowohl in der Nacht vor als auch während der Hinrichtung. Dieselbe Heiligkeit triumphierte sogar in der Stunde seines Todes. „Vater, warum hast du mich verlassen?", waren die letzten Worte des verzweifelten Jesus. Dann gab er auf. Er öffnete sich und sagte „Ja". Seine innere Weiblichkeit zeigt ihm den Weg. Er starb und wurde wiedergeboren.

„Es gibt ein Ding, das ist unterschiedslos vollendet. Bevor der Himmel und die Erde waren, ist es schon da, so still, so einsam. Allein steht es und ändert sich nicht, im Kreis läuft es und gefährdet sich nicht. Man kann es nennen die Mutter der Welt."

Laotse, „Tao Te King", 25

Du verharrst ein wenig in der Stille, um mit deinen Ohren die Umgebung zu untersuchen. Nach einer Weile entdeckst du in der Ferne ein vertrautes Knistern, wie von einer Fackel. Vorsichtig folgst du dem viel versprechenden Geräusch, in der Hoffnung auf den ersehnten Ausgang zu stoßen. Schon bald beginnt sich die Finsternis zu lichten, doch du stellst enttäuscht fest, viel tiefer in das Innere der Grotte vorgedrungen zu sein, anstatt sie endlich zu verlassen.

Vor dir eröffnet sich ein kreisrundes und hochwüchsiges Gewölbe, von mehreren Fackeln erleuchtet. An der nördlichen Wand entdeckst du die Quelle des Rinnsaals: Eine kreisrunde dunkle Öffnung. Um die Öffnung herum erstreckt sich eine Landschaft aus eingemeißelten Reliefs, die dich aufgrund ihrer Andersartigkeit augenblicklich auf eine unerklärliche Art und Weise ergreifen.

Beim genauen Hinsehen entdeckst du Fabelwesen, menschliche Figuren, Epen, ganze Sagen und Erzählungen, meisterlich an die Oberfläche getrieben. Dein Unbehagen entschwindet angesichts eines ansteigenden Anreizes und Neugier. Fasziniert betrittst du das Gewölbe und näherst dich den sonderbar verwunschenen Darstellungen.

In früheren Tagen, vor dem Bau der Pyramiden und Tempeln, wurden andere Götter verehrt. Sie waren weiblich und dunkel. Dieses Dunkle war bezogen auf die fruchtbare Erde und auf die feuchten Tiefen des Wassers, denn das Leben kommt aus dem Wasser und wächst in der Erde. In jenen Tagen lebte in den meisten Dörfern und Siedlungen eine alte Weise, die mit den Ahnen und den Geistern der Erde kommunizieren konnte. Ihre körperliche und spirituelle Öffnung war gewissermaßen ein Tor. Dieses Tor ist das weibliche Prinzip.

Die Finsternis ist das Weibliche.

Dieses wundersame Weibliche ist die Kraft, die imstande ist, Erleuchtung und Befreiung zu ermöglichen. Sie erlöste Jesus von seiner Qual und beschenkte Buddha mit der entscheidenden Einsicht über das Leid. Sie ist die spirituelle Befruchterin, ähnlich dem schwarzen Mutterkorn, der bei der Frau die Gebärmutter öffnet und gleichzeitig zu LSD verarbeitet werden kann. Maria stellt diese erlösende Instanz dar, ebenso wie die indische Göttin Kali. Im Hinduismus wird sie zwar als blutrünstig und mit einer Schädelkette um den Hals dargestellt, doch ihre Ursprünge liegen in älteren Stämmen Indiens, wo sie als Ka Blei, die Stammesmutter und Ahnfrau verehrt wurde.

Das Symbol der göttlichen Weiblichkeit ist der Mond. Und waren nicht die spirituellen Führer in einer Vollmondnacht geboren und erleuchtet worden? Auch die menschliche Fortpflanzung ist von der Einwirkung des Mondes beeinflusst: Der Mondzyklus dirigiert mit seinen 29 Tagen den weiblichen Zyklus, und die meisten Frauen menstruieren tatsächlich bei Vollmond.

In den ältesten Mythen der Menschheit erschuf die so genannte Urmutter aus sich heraus den Weltraum. Nach den

Recherchen des Farbenforschers Klausbernd Vollmar sind „die schwarzen Göttinnen älter als die patriarchalischen olympischen Götter und viel älter als das noch patriarchalischere monotheistische Christentum. Als Naturgottheiten stehen sie am Beginn der Menschheitsgeschichte.“

Warum weiblich? Warum dunkel? Das Leben beginnt im dunklen Mutterleib, und das Kind wächst in einer fast lichtlosen Umgebung auf. Ähnlich verhält es sich mit anderen Lebewesen, die ihre erste Zeit hinter einer festen Schale oder anderen Schutzvorrichtungen verbringen. *Das zarte, zerbrechliche Leben beginnt in der Dunkelheit.* Samen und Wurzeln verhüllen sich in der Dunkelheit der Erde. Das erste, was wir auf dieser Welt erleben, ist also eine dunkle intime Beziehung zu einem Wesen, das uns Leben schenkt. Wir sind diesem Wesen ausgeliefert, da es uns trägt und ernährt.

Doch auch später, wenn wir die warme feuchte Welt des weiblichen Bauches verlassen, sind wir immer noch im Leibe Gottes, in der ewigen Nacht, schließlich ist das Universum ebenso dunkel, wie der weibliche Bauch. Aus diesem Grunde wird Jesus in den Armen seiner Heiligen Mutter Maria dargestellt. Maria Mutter Gottes, Maria, Mare, Meer, Wasser, Ozean.

Hast du schon Mal die Statue einer schwarzen Madonna gesehen? Wenn man sie zum ersten Male erblickt, so läuft einem schon kalter Schauer über den Rücken: Diese pechschwarze Haut, diese finsteren Hände, diese tiefen Augen. Und dieses schwarze Jesuskind auf dem Arm, das des Öfteren, wie beispielsweise bei dem Gnadebild von Einsiedeln, völlig nackt dargestellt wird. Diese Nacktheit ist eine Reduktion auf das Wesentliche, auf das *Sein*. Erde. Erdung. Manchmal hält das nackte Jesuskind einen kleinen Vogel in der Hand. Dies geht auf eine alte biblische Geschichte zurück, in der Jesus an einem Sabbat (dem jüdischen Heiligen Ruhetag, an dem keinerlei Arbeit erlaubt ist), aus Lehm zwölf Sperlinge formte und anschließend zum Leben erweckte. Dieses Verhalten symbolisiert einen Tabubruch, eine Rückkehr zur Natürlichkeit.

Der Schwarze Madonnenkult ist neben Belgien und Italien besonders stark in Frankreich verbreitet und wird in Zusammenhang mit den Merowingern, der geheimnisvollen Königsfamilie, gebracht. Der König Dagobert, der Zweite, unterstützte hierbei eine alte gallische Tradition, bei der schwarze Göttinnen angebetet wurden. Außerdem wird angenommen, dass der Templerorden den Kult um das schwarze Weibliche während der Kreuzzüge nach Mitteleuropa zurückbrachte. Überhaupt scheinen die Templer eine besondere Affinität zu den Schwarzen Madonnen gehabt zu haben. Sie gelten als Gralshüter und der Kult um Maria Magdalena, die häufig schwarz dargestellt wird und als die unterdrückte weibliche Seite des Christentums gilt, ist eng mit den Templern verbunden.

Doch die Ursprünge der schwarzen Gottheit reichen noch viel weiter, bis zu den prähistorischen und heidnischen Gottheiten zurück. Dort wurde die fruchtbare Göttin, mit oder ohne Kind, auf einem erhöhten Thron dargestellt. Diana, Pele, Kali, Lilith oder Innana lautete ihr Name. Kybele wurde im orientalischen Raum und später in Griechenland und Rom verehrt. In ihren ältesten Mythen war sie sogar zweigeschlechtlich und „benötigte" sozusagen keinen Partner, um Leben zu erschaffen. Ihr Kulturzentrum war einst im heutigen Balhisar, südwestlich von Ankara, wo sie in der Gestalt eines vom Himmel gefallenen schwarzen Meteoritensteins angebetet wurde. In diesem Stein finden wir die vorislamische Göttin Allat wieder. „Kaaba“, der Heilige islamische Stein in Mekka, ist eine Namensvariation von „Kybele“.

Vor allem die Isis galt als die mystische, verschleierte Eine mit den Tausend Namen. Ihr dunkler Mantel ist ein komplexes, vielschichtiges Symbol. Ein Urgeheimnis über die Entstehung der Welt, Verborgenheit und Offenbarung zugleich. Sie ist die Retterin und die Weisheit. Sie ist das Sein.

„Ich bin Isis, ich bin das All, das Vergangene, das Gegenwärtige und Zukünftige, meinen Schleier hat noch kein Sterblicher gelüftet.“

Plutarch, „De Iside et Osiride“

Beim Erforschen der vielfältigen Reliefs entdeckst du vertraute Symbole und Zeichen. Immer wieder begegnet dir die Spirale, mit ihrer dunklen Mitte aus der sich kräftige Windungen entfalten. Das Leben entspringt aus der Mitte und entfaltet sich kreisförmig, stets mit dem Zentrum verbunden. Strahlende Finsternis. Dir wird bewusst, dass die Spirale überall in der Natur vorkommt, in Muscheln, Zapfen der Nadelbäume, Spinnenetzen, im menschlichen Fingerabdruck, DNS, Galaxien.

Nach und nach wird dir auch die Geschichte und Mythologie des Volkes bewusst, das diese Grotte eingeweiht hatte. Du entdeckst ihre tiefe Verbundenheit zur Erde und ihre Verehrung. Du siehst die Bedeutung der Frau und ihren dunklen Schoß als den Ursprung der Welt, und du siehst die Bedeutung des Mannes, der das erste Kind empfängt, das erste Haus erbaut und sich auf den Weg macht, um die Beherrschung des Lichtes zu erlernen und Weisheit zu erlangen.

Du erkennst, dass dieses Volk eine vergessene Art des Lebens führt.

Historiker gehen davon aus, dass alle frühen menschlichen Gesellschaften ursprünglich matriarchalisch waren. Das Matriarchat ist ein uraltes System des Zusammenlebens. Es unterscheidet sich in der Hinsicht von anderen Gesellschaftsformen, da es hier keine Herrschaftsstrukturen und Hierarchien gibt. Man könnte es als eine gleichgeschlechtliche demokratische Anarchie bezeichnen. So gehören die Produktionsmittel der Gemeinschaft, Besitz und Güter werden nicht „angehäuft". Entscheidungen werden in allen Bereichen mit Meinungsübereinstimmungen getroffen, wobei sowohl Geschlechter und als auch Generationen gleichgestellt sind.

Die frühen Matriarchate sind in Serbien, Rumänien, Mesopotamien, Anatolien und Türkei angesiedelt und reichen bis zu Jericho, die als die älteste befestigte Siedlung der Erde gilt, zurück. Trotz der gewaltvollen Vertreibung durch große Religionen, patriarchalische Eroberungen und den Feuer-Anbeter Zarathustra ist das Matriarchat keineswegs ausgestorben und auf der ganzen Welt verbreitet: Die Tuareg-Stämme in Nordafrika, die Yanomami im

Regewaldgebiet, die Nayar in Indien, die Irokesen in den Vereinigten Staaten und das muslimische Minangkabau.

Du hältst einen Moment inne, um die rätselhafte Mythologie dieses Volkes, ihr Weg zur Erleuchtung und Freiheit in dich aufzunehmen. Besonnen verweilst du bei den Darstellungen von Waldfeen, schwarzen Seekühen und geflügelten Zauberinnen, die um Pflanzen, Bäume und Tiere kreisen, als wollten sie sie bezirzen oder zum Wachsen anregen. Du siehst magische Schlangen, die in der Erde leben und aus dem Wasser steigen. Und du erblickst Darstellungen von Schätzen in den Tiefen von Höhlen, Vulkanen und unter Wasser, bis du schließlich die Darstellung einer leuchtenden Kugel in der Mitte einer männlichen Brust erblickst.

Bei dem Anblick dieses Lichtes musst du an den alten weisen Mann denken und an das ehrwürdige Schimmern in seinen Augen. Ganz unverhofft weißt du, was mit verborgenen Schätzen gemeint ist. Dir wird bewusst, dass der alte Mann diese Schätze berührt hat.

Um nun bist du hier, an diesem verborgenen Ort, um ebenfalls Schätze zu berühren – die Schätze in dir.

„Der Sinn bewirkt die Dinge so chaotisch, so dunkel. Chaotisch, dunkel sind in ihm Bilder. Dunkel, chaotisch sind in ihm Dinge. Unergründlich finster ist in ihm Same. Dieser Same ist ganz wahr."

Laotse. Tao Te King, 21

Das Jonas Syndrom

Im wenig bekannten österreichischen Märchen „Der Hirte und die Waldfräulein“ wird die Geschichte von einem Hirten erzählt, dessen Schweine immerzu in ein seltsames Loch im Boden springen. Die Waldfräulein, die in diesem dunklen Loch leben, weisen den Hirten darauf hin, weiter und tiefer zu gehen. Tapfer begibt sich der Hirte in die Tiefe und wird belohnt: Er findet seine Schweine, wird gereinigt und neu gekleidet. Schließlich schenken die Waldfräulein dem Hirten Geld und bitten ihn, ihr Geheimnis nicht zu verraten und zehn Jahre lang darüber zu schweigen. Am Ende dieser langen Zeit wird der Hirte, wie in allen Märchen üblich, zum König.

Gerade hier, in diesem kleinen Märchen, wird von einer spirituellen Entwicklung bis hin zur königlichen Erleuchtung gesprochen, die durch den eigenen Instinkt eingeleitet und durch die Disziplin des Schweigens, der Stille, erreicht werden. Diese Disziplin, die als einzige Gegenleistung von den mystischen Wesen gefordert wird, taucht immer wieder in den Märchen über die „schwarze Frau“ auf. Manchmal ist es eine Tür, die nicht geöffnet oder ein Schlüssel, der unter keinen Umständen losgelassen werden darf. Manche Helden schaffen diese Prüfung und manche nicht, so dass sie ihr „Vergehen“ leugnen müssen. Egal, wie es ausgeht, am Ende wird die Schwarze Frau befreit, was der Flexibilität der inneren Weiblichkeit wundervoll schmeichelt.

Die dunkle Weiblichkeit fand in den verschiedenen Mythologien ihren Ausdruck: In den dunklen Gewässern des afrikanischen Kongo erscheint sie als die Schlangengöttin Mboze. In Australien verbirgt sie sich in der Gestalt einer schwarzen Seekuh, die das Wasser beherrscht. Auf Hawaii symbolisiert die Göttin Pele die Kraft der Natur und lebt in einem Vulkan.

Im eurasischen Raum begegnen wir der Waldmutter. Die Symbolik des Waldes beschreibt einen ungezähmten und irrationalen Ort, wo Geheimnisse verborgen gedeihen können. Diese Geheimnisse verkörpern die hilfsbereite Haselnussfrau an der Schwarzmeerküste und die zersauste Herrin in Banat. In Lothringen ist es die Holundermutter, die in einem Brunnen lebt und in Rumänien die Gottesmutter, die aus Mitleid zu einer unfruchtbaren Königin eine Träne der Fruchtbarkeit vergießt.

Wie in der Geschichte vom Hirten und seinen Schweinen erkennen wir, dass die verborgene Weiblichkeit den schüchternen Bauern zu einem König zu erheben vermag, in dem sie seinen selbst auferlegten Minderwert und die anerzogene Selbstverleugnung transformiert. Die Schüchternheit des Hirten, der eigentlich zum König bestimmt ist, wird in der Psychologie als „Jonas-Syndrom“ bezeichnet und bezieht sich auf den Propheten Jonas.

Dieser Prophet sollte in der babylonischen Stadt Ninive die bevorstehende Strafe Gottes verkünden, doch er lehnte diesen Auftrag vehement ab. Das Syndrom beschreibt die Furcht vor der eigenen Größe: Bei seinem Versuch dem heiligen Auftrag zu entfliehen, bestieg der ängstliche Jonas ein Schiff und warf sich ins Meer, doch er wurde von einem

Wal ans Land gebracht. Ganz gleich, was er tat, er konnte seinem Schicksal, seiner Größe und Bestimmung, nicht entkommen.

So schrieb der Psychologe Abraham Maslow, dass „wir uns vor unserem größten Potential und vor unserem geringsten fürchten. Gewöhnlich haben wir Furcht, das zu werden, was wir in unseren vollkommensten Augenblicken nur flüchtig zu sehen bekommen.“

Erneut begegnen wir dem dunklen Biest, der inneren Macht, die uns nervös macht und transformiert. Diesmal möchte ich allerdings nicht nur darüber labern, wie fantastisch und mächtig dieses „Ding“ ist, sondern endlich auf den *einzigen* Weg eingehen, mit dieser Kreatur, Frieden zu schließen.

Langsam wendest du deinen Blick von den Reliefs ab und versinkst in tiefer Besinnung. All die Geschehnisse und Erkenntnisse der letzten Stunden, deine Reise durch den ewigen krafterfüllten Raum, deine inneren Auseinandersetzungen und die Begegnungen mit alten Geheimnissen wollen verdaut werden. Du sinkst auf den Boden. Was für ein seltsamer Ort.

Doch bereits nach wenigen Augenblicken richtest du deine Augen erneut auf den wundersamen Teppich aus altertümlichen Darstellungen von Mythen und Legenden. Du spürst eine Anziehung und Verbundenheit. Diese Dinge haben etwas mit dir zu tun. Sie sprechen zu dir und scheinen zu wissen, wer du bist und was du brauchst. Du spürst fremde, uralte Macht, die sich schweigend und bescheiden deiner annimmt.

Im selben Moment stellt sich der alte Mann in dein Blickfeld. Etwas überrascht schreckst du zurück. Der alte Mann kommt näher und setzt sich neben dir. Schweigsam betrachtet er das Gewölbe. Dann betrachtet er dich. Du möchtest ihn so viel fragen, da ist noch so vieles, was er dir erzählen könnte, doch ganz unverhofft gefällt dir diese unberührte Rätselhaftigkeit. Ganz gleich, wie viel du entdeckst, es wird immer etwas geben, was du nicht weißt. Ganz gleich wie viel Licht du ins Spiel bringst, du kannst die Dunkelheit nicht austreiben. Am Anfang und am Ende wirst du ihr begegnen.

Plötzlich deutet der alte Mann auf die schwarze Öffnung mit dem kleinen Rinnsaal. Dabei sagt er etwas in seiner fremdländischen Sprache, doch auch diesmal verstehst du mit deinem Herzen, was er meint: Er möchte mit dir die Öffnung betreten. Sein Glänzen in den Augen und das leichte Lächeln faszinieren dich immer mehr, doch die Vertrautheit, die sie in dir auslösen, wird mit jeder Sekunde geradezu unerträglich.

Du erhebst dich vom Boden und folgst dem weisen Mann. Langsam klettert er hinein, doch bevor er sich dem dunklen Raum hingibt und du ihm aufgeregt folgst, stellt er dir eine Frage – eine seltsame Frage, die dich für einen Moment verdutzt verharren lässt:

Liebst du dich selbst?

Die Erforschung des Innenversums
Exkurs III: Selbstliebe

An einem frühen Morgen führte Oberaufseher Russmännchen Hans seinen heranwachsenden Sohn durch das Bergwerk ihres Volkes, um ihm voller Stolz seine Arbeitsstelle vorzuführen. Schließlich erreichten sie eine riesige Halle mit gewaltigen Bergen aus Kohle, die sich bis zu der hohen Decke erhoben. Bei einem der beeindruckenden Berge blieb Russmännchen Hans stehen:

„Nun, Sohnemann, hast du gewusst, dass unser Volk noch nie beraubt worden ist?“, fragte er zufrieden lächelnd, „und das obwohl wir die reichsten und gleichzeitig die kleinsten Geschöpfe der Märchenwelt sind?“

Russmännchen Junior schüttelte nur sein kleines Köpfchen und staunte über die mächtige Halle mit ihren gigantischen Bergen.

„Soll ich dir unser Geheimnis verraten?“, fragte sein Papa und schnappte sich eines der Kohlestückchen. Dann holte er tief Luft und pustete. Plötzlich flog das Schwarze wie Staub hinfort und offenbarte ein glänzendes Stück Gold. Selbstzufrieden schaute Russmännchen Hans auf seinen verblüfften Sohn und sagte: „Ein Dieb würde niemals einen Schatz in etwas suchen, was auf den ersten Blick so gewöhnlich aussieht.“

Liebst du dich selbst? Damit meine ich keineswegs Eitelkeit oder Größenwahnsinn. Zugegeben, Selbstliebe ist ein nicht wirklich einfacher und von Vorurteilen sehr bedrängter Begriff. Meist stellen wir uns darunter etwas Giftiges oder sogar Zerstörerisches vor, einen unersättlichen kleinen Prinzen, der die Welt beherrschen möchte. Doch was ist eigentlich Selbstliebe?

Stelle dir bitte folgendes Szenario vor: Ein außerirdisches Wesen besucht unseren Planeten. Doch mit Verwunderung erblickt es Kriege, Gewalt und Leid. Was würde dieses Wesen über die Menschheit denken, wenn es die Menschheit für einen einzigen Organismus halten würde? Es würde wohl denken, dass dieses Wesen mit sich selbst irgendein Problem hat oder sich einfach nicht mag.

Die Menschheit ist in der Tat eine Art riesiger Organismus, der aus vielen kleinen Einheiten besteht und eine Gemeinschaft bildet. Auch jeder von uns ist eine Gemeinschaft von Zellen. Es kommt uns zwar vor, als wären wir ein „ganzes Stück", doch in Wirklichkeit sind wir eine komplexe Kolonie, eine Art Menschheit in Kleinform. Unsere Erde leidet, weil die Menschheit sich selbst bekämpft. Demzufolge leiden wir, weil wir uns selbst bekämpfen.

Sich selbst zu lieben bedeutet, die Welt zu entlasten und dadurch zu retten.

Wir können nicht geben, was wir nicht haben. Wir können zwar so tun, als ob und uns einer gewissen ethischen

Wahnvorstellung hingeben, hilfsbereit sein und eine Liebenswürdigkeit vortäuschen, doch dieser Weg ist, wie du selbst merkst, gekünstelt. Wir können keine Liebe geben, wenn wir sie nicht in uns selbst gefunden haben und uns selbst *bedingungslos* lieben.

Diese bedingungslose Selbstliebe beginnt mit der tiefen Erkenntnis darüber, dass wir menschlich sind. Doch wer ist schon gerne ein Mensch? Im Verlaufe unserer kulturellen Entwicklung, ganz besonders in den letzten Hundert Jahren, haben wir den Menschen derart dämonisiert, dass wir nur noch Worte der Skepsis und Ironie für ihn übrig haben. Wir haben uns so sehr in der Kritik über den Menschen verrannt, dass wir vergessen haben, dass das Hauptanliegen des Menschen weder Krieg, noch Gewalt, noch Machtbesessenheit, sondern Liebe, Glück und kreativer Selbstausdruck ist.

Wir alle kommen mit Güte und Unschuld zur Welt, um zu lieben, um zu berühren, um zu begreifen. Unsere Psyche, mit ihren 100 Milliarden Zellen ist das komplexeste Gebilde im gesamten Universum. Eben deswegen tragen wir eine Menge Verantwortung mit uns, die wir manchmal nicht ertragen können. Unser Cocktail aus verwirrenden Emotionen und verflochtenen Gedanken, diese wilde Melange aus Beobachten, Entscheiden, Wachsen, Vergleichen, Erkennen, Nachdenken, Erfahren und Verarbeiten ist keine einfache Angelegenheit.

Im Vergleich zu uns fällen Tiere keine großen Entscheidungen. Meist folgen sie ihrem Instinkt und tun, was sie gerade tun. Damit verbleiben sie in Harmonie mit der Natur und schaden ihr nicht, da sie sozusagen geleitet werden und uns dadurch besonders weise und friedlich erscheinen. Doch die wahre Weisheit erwacht erst in uns, im Menschen. Der Mensch ist ein Wunder.

Erinnerst du dich an meine erste intensive Begegnung mit der Finsternis, im verlassenen Häuschen meiner Schwiegereltern? Damals fühlte ich mich nicht nur verbunden, sondern vor allen Dingen *akzeptiert*. Sich zu lieben bedeutet, das Unmögliche möglich zu machen und zu allem „ja" zu sagen, was man in sich selbst findet. Und das ist wohl das Schwerste überhaupt. Ich meine, kannst du „ja" zu deinem inneren Widerstand sagen? Oder Zorn? Was ist mit Neid und Eifersucht? Was ist mit Gier und Schadenfreude? Das ist die wirkliche Spiritualität:

Alles in mir ist, wie es ist, weil es in diesem Moment nicht anders sein kann.

Können wir uns selbst entkommen? Können wir uns ändern, ohne uns vorher entblößt zu haben? Warum also all die Selbstkritik? Selbstkritik ist das größte Liebesgift überhaupt. Sie hat noch nie zu einer gesunden Einsicht verholfen. Selbst unsere Zellen kennen keine Kritik, es sei denn sie sind an Krebs erkrankt.

Wenn wir beginnen, uns selbst ohne Kritik zu betrachten, verändern wir uns. Nach Innen zu gehen bedeutet, die äußere Welt loszulassen und ihr zu erlauben so zu sein, wie sie ist, auch wenn gerade Häuser einstürzen und Menschen sterben. Die Welt ist, wie sie ist. Wir können natürlich versuchen, sie zu verändern, sie zu retten, doch die

Geschichte hat unzählige Male bewiesen, dass Verändern nicht unbedingt Verbessern bedeutet. Wohl aus diesem Grunde sagen die Weisen:

„Verändere dich selbst, und du veränderst die Welt.“

Natürlich können wir uns nicht lieben, ohne unseren früheren Peinigern vergeben zu haben. Durch die Vergebung heilen wir Krebs und Tumore, Herzleiden und Rückenschmerzen, Panikattacken und Einsamkeit. Doch was ist überhaupt Vergebung?

Ich meinerseits hatte immer so meine Probleme mit der Vergebung. Ich dachte, wenn ich vergebe, lasse ich jemanden davonkommen. Ich dachte, ich kann erst vergeben, wenn ich eine Entschuldigung zu hören bekomme, oder wenn ich Gerechtigkeit erblicke und der Tunichtgut bestraft wird. Durch Filme, Literatur und natürlich Erziehung bekommen wir eine sehr verzerrte Vorstellung vom Vergeben: Wir erwarten eine Wiedergutmachung, was sich im ersten Moment auch recht logisch anhört. Wenn jemand uns verletzt, kränkt, beleidigt, beraubt er uns sozusagen unseres Friedens, unserer Hoffnung, unserer Macht. Die logische Reaktion darauf ist: „Gib es mir wieder zurück!“

Wenn es sich um einen Gegenstand handeln würde, wäre die Angelegenheit noch halbwegs rational und lösbar. Doch meist geht es um Dinge, die man nicht zurückbekommen kann. Wenn wir misshandelt wurden, gibt es nichts, was man uns zurückgeben könnte. An dieser gewissen Ungerechtigkeit sind schon einige Seelen zerbrochen und Verbrechen entstanden. Nicht wenige wurden dabei verschlossen, arm, zynisch, misstrauisch. Das Leid, was sie erlebt haben, erleben sie absichtlich immer wieder aufs Neue, da sie Angst haben, dass es vergessen wird.

Vergebung beginnt mit der Erkenntnis darüber, dass wir *nicht vergeben müssen* und es anfangs auch nicht können. Sie beginnt mit Zorn, Hass und Zerstörungswut, sie beginnt mit einem authentischen „Leck mich!" zu dem, was wir durchleben mussten, zu all der Pein und Verzweiflung, die wir durch andere zu ertragen hatten. Vergebung ist eine lüsterne Drecksarbeit, sie beginnt im Sumpf, in dem unsere Bestien wüten und nach Blutrache gieren. Da müssen Teller her, die gegen die Wand zerschellt werden, Alkohol, Zigaretten, Drogen, unersättliche Sexorgien, Herzinfarkte und herzergreifende Trennungen.

Wir können nicht vergeben, ohne zuvor in Neid, Abneigung, Widerwertigkeit ertrunken zu sein. Wir können nicht vergeben, ohne zuvor alle Planeten dieser Welt gesprengt zu haben. Und ja, wir können nicht vergeben, ohne zuvor gekostet und realisiert zu haben, wie selbstzerstörerisch unsere Unversöhnlichkeit sein kann, wie sehr doch all die gewaltigen Orkane aus Zorn und Vergeltung in Wahrheit *gegen uns selbst* gerichtet sind.

Wir können nicht vergeben, ohne unseren Selbsthass entdeckt zu haben.

Diese Entdeckung ist keineswegs beschämenswert, sondern entscheidend. Niemand kommt auf die Welt und strahlt trotz der unangenehmen Dinge, die ihm zustoßen, wie ein Leuchtturm. Irgendwann, nach all den menschlichen Enttäuschungen, Niederlagen, Absagen und dem schier unstillbaren Hunger nach Liebe, entwickelt jeder eine Abneigung gegen sich selbst. Diese leidvolle Abneigung bringt uns dazu, zu reifen. Sie macht uns nachdenklich und aufmerksam, wir fangen an, zu philosophieren und spirituelle Bücher zu lesen, in unserer Vergangenheit herumzugraben und das eigene Leben zu hinterfragen. Wir beginnen uns zu verändern.

Jeder Geburt geht Leid voraus.

Der Grund, warum dieses Leid so lange bei uns bleibt, ist unser Widerstand und die Abneigung dagegen. Wir haben gelernt, Leid zu schlucken oder zu unterdrücken, anstatt es willkommen zu heißen. Wir fürchten uns vor dem Leid und diese Furcht ist bereits das größte Leid überhaupt: Die Angst vor der Angst. Warum das Leid bekämpfen, wenn es schon da ist? Warum das Leid ablegen, wenn es *in diesem Moment* zu einem gehört? Warum das Leid verteufeln, wenn es einem die eigene Zerbrechlichkeit zeigt, die eigene Komplexität und Schönheit? Alles, was ist, ist erwünscht, weil es in diesem Moment nicht anders sein kann.

Vergebe der Welt, und du befreist dich selbst. Vergebe dir, und du befreist die Welt.

Der entscheidende Schritt Richtung Selbstliebe ist allerdings die Erkenntnis darüber, dass wir uns nicht lieben müssen. Wenn wir atmen, denken wir nicht ans Atmen, wir tun es einfach. Erst wenn wir die Luft anhalten, atmen wir nicht. Dasselbe ereignet sich bei der Selbstliebe. Sich zu lieben, bedeutet zu blühen. Eine Pflanze blüht, ohne darüber nachzudenken. Es liegt in ihrer Natur, zu blühen. Wenn sie nicht blüht, *kämpft* sie mit irgendetwas in sich.

Wenn wir uns nicht lieben, verweigern wir die Liebe zu uns selbst. Demnach müssen wir den Grund erforschen, warum wir der Liebe zu uns selbst Widerstand leisten. Den besten Weg dazu liefern die Menschen, die uns in diesem Augenblick umgeben. Alles, was wir an ihnen nicht lieben, lieben wir an uns selbst nicht und leisten gegen diese Eigenschaften Widerstand.

Doch Widerstand ist wie Luft anhalten: Lebensfeindlich. Wie die Geschichte der Antiproteste oder Antikompanien beweist, erzeugt Gewalt nur noch mehr Gewalt. Deshalb erwies sich die langjährige Krebsforschung, die den Kampf gegen den Krebs anstrebte, als eine der größten Niederlagen der medizinischen Forschung.

Widerstand erzeugt Beistand.

Wenn du das nächste Mal in den Spiegel schaust und irgendetwas an dir nicht ausstehen kannst, denke an das Sprichwort „Vergiss nicht, wo du herkommst". Vergiss nicht, dass du mindestens fünfzehn Jahre Konditionierung hinter dir hast. Verlange also nicht zu viel von dir. Wenn etwas noch nicht funktioniert, dann liegt es *nicht an dir*, sondern an deiner Vergangenheit. Wir geben weiter, was wir gelernt haben. Mehr als wir haben, können wir nicht geben.

Sei also gnädig mit dem, was du bist.

Die letzte Begegnung

Als du die dunkle Öffnung betrittst, spürst du aus irgendeinem Grund, dass du dich zum letzten Mal auf die Reise in die Finsternis begibst. Der alte Mann ist etwas weiter vorne, unterwegs durch die undurchdringliche Schwärze. Du hörst seine Atmung und das Plätschern seiner Füße im Rinnsaal. Dir ist seltsam zumute, denn du spürst keinerlei Angst oder Befremdlichkeit vor deiner dunklen Umgebung, sondern eine seltsame Verheißung und Vorahnung. Irgendetwas wird geschehen. Schon bald.

Endlich beginnt die Finsternis sich zu klären und schon bald wirst du von einem grellen Licht geblendet. Als deine Augen sich an dieses Strahlen gewöhnt haben, erkennst du ein weiteres Gewölbe, bei dessen Anblick du den Atem anhältst.

Im ganzen Raum sind unzählige Spiegel verteilt, Dutzende, Hunderte, Tausende, auf dem Boden, auf der Decke, überall um dich herum.

Doch das, was dir den Atem stocken lässt, ist der Inhalt dieser Spiegel: Frauen, Männer, Kinder von verschiedenen Altersgruppen, Hautfarben und Staturen. Sie alle scheinen Geschichten zu erzählen und sich vollständig von einander zu unterscheiden. Dennoch, und eben das verblüfft dich am meisten, sie alle bewegen sich synchron zu dir, als wären es *deine* Spiegelbilder. Von diesem Schauspiel überwältigt und geradezu benommen, hebst du deinen Arm, um deine

Vermutung zu testen und erlebst wie das Meer der Spiegelungen tatsächlich ebenfalls den Arm hebt.

Eine Weile stehst du nur da, wie angewurzelt, auf der Suche nach einer möglichen Erklärung für dieses bizarre Kammerspiel. Dann siehst du den alten Mann, genauer gesagt, die Spiegelung des alten Mannes. Atemlos näherst du dich dem Spiegel, in Hoffnung dein eigenes Spiegelbild zu erblicken, doch alles, was du siehst, ist der alte Mann, sein wunderbares Lächeln und die wundersamen Augen. Als du wirklich realisierst, dass auch der alte Mann eine Spiegelung von dir ist, überkommt dich eine unerträgliche Einsamkeit. Du bist allein hier, sonst niemand, nur du und diese seltsamen Widerscheine, die dich eher verwirren, als aufklären. Für einen Moment stehst du völlig neben dir, da dir diese Einsamkeit nicht gefällt.

Doch dann, nach und nach erahnst du eine andere Wahrheit. Tief in deinem Herzen erspürst du den Ursprung der verwirrenden Vertrautheit, die du in der Gegenwart des alten Mannes vernommen hattest: Der weise Mann bist du. Er ist nicht im Spiegel, sondern in dir. Sogleich erinnerst du dich der ersten Botschaft der Finsternis: Die Welt ist eine Wahrnehmung. Und jede Wahrnehmung ist in dir. All die Menschen, die du in den Spiegeln siehst, sind Teile von dir, mögliche Variationen, du erkennst, dass du ein fünfjähriges Kind mit einem Malblock bist und eine ergraute Witwe, die um ihren Mann trauert, ein Geschäftsmann auf Abwegen und eine Frau, die auf einer Bank ein Buch liest.

Die Welt ist in dir, so wie sie ist. Die Welt ist ein Ausdruck von dir.

Wie von selbst flüsterst du Worte der Erkenntnis: „Ich bin der Frieden und der Kummer, ich bin der Hass und die Liebe, ich bin die Neugier und die Erlösung, ich bin der Zorn und die Vergebung. Ich bin."

Plötzlich erhebt sich eine tiefe Finsternis über dem Gewölbe. Sie verschlingt das Licht, die Spiegelungen, all die vielen Gesichter und Schicksale. Sie verschlingt auch den alten weisen Mann. Das Schauspiel beginnt zu schwinden und zu verblassen, und schon bald bist du wieder in den Armen des dunklen Raumes, in dem alles möglich ist. Als du wieder in der Stille der ewigen Schwärze deine hastige Atmung und den aufgeregten Herzschlag vernimmst, spürst du eine Sehnsucht, die du schon Mal gespürt hattest. Du erkennst, dass du keinen Schatz finden wirst. *Du* bist der Schatz. *Du* bist die Sehnsucht des Universums – und deine eigene Sehnsucht.

Du kniest auf den Boden, legst dich hin und fühlst dich aufgehoben. Zuhause. Eine gütige Leere voller Magie und Kraft, die darauf wartet, was du als nächstes tust. Wer willst du sein? Was willst du erleben?

Du schließt die Augen und freust dich auf das nächste Erwachen.

Letzte Märchenstunde

Es war ein Mal ein verheirateter Mann, der wie viele andere Männer jeden Morgen mit dem Wecker erwachte, um rechtzeitig seiner Arbeit nachzukommen. Und wie viele andere Männer ging er dabei ins Badezimmer. Doch seit geraumer Zeit, wenn der Mann im Badezimmer vor dem Spiegel stand, bemerkte er einen seltsamen Fleck im Spiegel, der ihm leicht die Sicht versperrte und seine Jähzornigkeit ein wenig strapazierte. Mit einer schnellen Bewegung wischte der Mann jedes Mal den Fleck hinfort und murmelte dabei einige unfreundlichen Worte.

Eines Tages erkrankte der Mann. Dennoch, pflichtbewusst wie eh und je, zwang er sich, seiner Arbeit nachzugehen. Als er geschwächt und genervt vor dem Spiegel stand und erneut den Fleck beäugte, begann er zu wüten und den Fleck zu verfluchen.

Doch ganz unverhofft, wohl aufgrund seiner Schwäche, als der Mann für einen winzigen Augenblick innehielt, stellte er etwas fest: Der Fleck war gar kein Fleck, sondern ein chaotisches Häufchen Striche. Neugierig sah der Mann genauer hin. Plötzlich waren es Buchstaben. Als er die Augen zusammenkniff, waren es plötzlich Worte. Da rührte sich der Mann gar nicht mehr und verharrte in absoluter Stille. Da erkannte er eine Botschaft seiner Frau, mit einem dünnen Make-Up Stift verfasst: „Ich liebe dich!“

Danksagung:

Jutta Leimbach – Danke für Deine herausfordernden Fragen und für den Glauben an mein Buch.

Karin Sonntag – Danke für Deine erste Kritik (die mir die Augen geöffnet hat)

Stefan Göbel – Auch Dir Danke ich für all die nervigen, aber absolut berechtigten Verbesserungsvorschläge.

Barbara Pennor – Danke dir für die entscheidende Überarbeitung und für deine Motivation

Sascha Flögel – Dir danke ich für die Überarbeitung und für die besondere Aufmerksamkeit, die du diesem Thema schenkst

Und natürlich meine Frau Tina – Danke für Deine Geduld und Verständnis, danke für Deine mühevolle Hingabe und für Deine cleveren Fragen (die mich immer wieder dazu gebracht haben, mehr aus einem Thema herauszuquetschen). Danke, dass du meine Launen ausgehalten und mich bei der Entstehung dieses Buches begleitet hast.

Ich möchte mich außerdem bei meiner stillen Geliebten bedanken, die mich in Nächten, wo ich begeistert schrieb und forschte, begleitet hat: Meine Geliebte Finsternis. Danke Dir. Schön, dass es Dich gibt.

Auch Dir, mein Leser, möchte ich meinen Dank aussprechen. Ohne Dich würde dieses Buch nicht atmen. Danke.

Quellen (ausgewählt):

„Die Schöpfungsmythen der Menschheit", Dietrich Steinwede und Dietmar Först, Patmos Verlag, Düsseldorf

„Die Schwarze Madonna", Brigitte Romankiewicz, Patmos Verlag, Düsseldorf

„Das Geheimnis der Farbe Schwarz", Klausbernd Vollmar, Verlag Bruno Martin, Südergellersen

„Das Geheimnis der Farbe Weiss", Klausbernd Vollmar, Fischer Media, Bern

„Die Schwarze Frau", Sigrid Früh und Kurt Derung, Unionsverlag, Zürich

„Tantra, Spiritualität und Sex", Osho, Innenwelt Verlag, Köln

„Einstein und die Macht des Quanten-Vakuums", Dr. Carlos Calvet, Bohnmeier Verlag, Leipzig

„Kosmologie 02/2007", Heise Zeitschriften Verlag, Hannover

„Die Kabbalah", Helmut Werner, Komet Verlag, Köln

„Dr. Bertlmanns Socken", Shimon Martin, Rowohlt Taschenbuch Verlag, Reinbek

„In der Stunde der Nacht", A. Roger Ekirch, Gustav Lübbe Verlag

„Bhagavad-Gita, wie sie ist“, Sri Srimad A.C. Bhaktivedanta Swami Prabhupada, The Bhaktivedanta Book Trust

„Upanishaden“, Peter Michel, Marix Verlag, Wiesbaden

„Tao Te King“, Lao-Tse, Schirner Verlag, Darmstadt

„Die Heilige Schrift“, Paul Pattloch Verlag, Bonn

„Das Enneagramm: Die Neun Gesichter der Seele“, Richard Rohr und Andreas Ebert, Claudius Verlag